普通高等教育新闻传播学类国家级一流专业建设精品教材　卓越人才培养卷

丛书主编　张明新　金凌志　　　　分卷主编　李华君　郭小平　李卫东

媒体法案例及评析

牛　静◎主编

华中科技大学出版社
http://press.hust.edu.cn
中国·武汉

图书在版编目(CIP)数据

媒体法案例及评析/牛静主编.—武汉:华中科技大学出版社,2023.10
ISBN 978-7-5680-9028-5

Ⅰ.①媒… Ⅱ.①牛… Ⅲ.①传媒法-案例-中国 Ⅳ.①D922.85

中国版本图书馆 CIP 数据核字(2022)第 254318 号

| 媒体法案例及评析 | 牛 静 主编 |

Meitifa Anli ji Pingxi

策划编辑:周晓方　杨　玲
责任编辑:余晓亮
封面设计:原色设计
责任校对:张汇娟
责任监印:周治超
出版发行:华中科技大学出版社(中国·武汉)　　电话:(027)81321913
　　　　　武汉市东湖新技术开发区华工科技园　　邮编:430223
录　　排:华中科技大学惠友文印中心
印　　刷:武汉市洪林印务有限公司
开　　本:787mm×1092mm　1/16
印　　张:8.75
字　　数:200 千字
版　　次:2023 年 10 月第 1 版第 1 次印刷
定　　价:29.90 元

本书若有印装质量问题,请向出版社营销中心调换
全国免费服务热线:400-6679-118　竭诚为您服务
版权所有　侵权必究

普通高等教育新闻传播学类国家级一流专业建设精品教材
编委会

总主编

张明新　金凌志

专业改革创新卷主编

张明新　李华君　李卫东

卓越人才培养卷主编

李华君　郭小平　李卫东

学生实践创新卷主编

金凌志　李彬彬　鲍立泉

委　员（以姓氏笔画为序）

于婷婷　闫　隽　李卫东　李华君　李彬彬

余　红　郭小平　唐海江　彭　松　鲍立泉

牛 静

华中科技大学新闻与信息传播学院教授、博士生导师。中国新闻史学会媒介法规与伦理研究委员会副会长，湖北省青年社科优秀人才入选者，武汉大学媒体发展研究中心研究员。研究方向为媒体伦理、媒体法、新媒体传播等。至2023年，在新闻传播类期刊上发表学术论文百余篇；著有《多元视角下社交媒体中的自我表露与意见表达研究》《新媒体传播伦理研究》《全球媒体伦理规范译评》《全球主要国家媒体伦理规范（双语版）》《社交媒体使用行为研究：互动、表达与表露》《视频网站著作权纠纷及其防范管理机制研究》等；曾获得高等教育国家级教学成果奖、全国新闻学青年学者优秀成果奖、省社会科学优秀成果奖等。

总序

新闻传播学是对我国哲学社会科学具有支撑作用的重要学科。2016年5月17日，习近平总书记在哲学社会科学工作座谈会上讲话中指出："要加快完善对哲学社会科学具有支撑作用的学科，如哲学、历史学、经济学、政治学、法学、社会学、民族学、新闻学、人口学、宗教学、心理学等，打造具有中国特色和普遍意义的学科体系。"可以说，我国新闻传播学的学科建设和发展步入了历史上最好的机遇期。

从实践的维度看，当今时代的新闻传播学科处于关键的转型发展阶段。首先，信息科技革命推动新闻传播实践和行业快速转型。大数据、云计算、区块链、物联网、人工智能等新兴技术，带来了翻天覆地的变革，不断颠覆、刷新和重构人们的生活与想象，促进新闻传播活动进入更高更新的境界。新闻传播实践的形态、业态和生态，正在被快速重构。在当前"万物皆媒"的时代，媒体的概念被放大，越来越体现出数据化、移动化、智能化的趋势。

其次，全球文化交往与中外文明互鉴对当前的新闻传播实践提出了更高的要求。中国正在越来越走近世界舞台中央，"讲好中国故事""传播好中国声音"成为国家层面的重大战略。在此背景下，新闻传播学的学科建设、学术研究和专业实践，要以"关怀人类、联通中外、沟通世界"的担当和气魄，以传承、创新和传播中华文化为己任，推进全球文化交往，推动中外文明互鉴，为人类文明进步贡献中国智慧和中国方案。

再次，媒体的深度融合发展，促进了媒体功能的多样化拓展。在当今"泛传播、泛媒体、泛内容"的时代，媒体正在进一步与政务、文旅、娱乐、财经、电商等诸多行业和领域产生更加紧密的联系。在媒体深度融合发展的进程中，媒体不仅承担着意识形态领域的新闻传播、舆论引导和文化传承功能，而且是治国理政的利器，是服务群众的平台和载体。在推进国家治理体系和治理能力现代化的过程中，媒体融合是关键一环。通过将新闻与政务、服务、商务等深度结合，媒体全面介入了社会治理和公共服务的各领域各环节。

不论是学科地位的提升，还是实践的快速变革，都对新闻传播学科的转型发展提出了新的时代要求。2022年4月25日，习近平总书记在中国人民大学考察时系统阐述了建构中国自主知识体系的重大战略目标。总书记强调："加快构建中国特色哲学社会科学，归根结底是建构中国自主的知识体系。要以中国为观照、以时代为观照，立足中国实际,解决中国问题,不断推动中华优秀传统文化创造性转化、创新性发展,不断推进知识创新、理论创新、方法创新,使中国特色哲学社会科学真正屹立于世界学术之林。"具体到新闻传播学科,就是要加快中国新闻传播学自主知识体系建设。我们要以习近平总书记强调的"立足中国、借鉴国外,挖掘历史、把握当代,关怀人类、面向未来"为根本遵循,构建中国特色新闻传播学知识体系,充分体现中国特色、中国风格、中国气派。

加强教材建设是建构中国特色新闻传播学知识体系的重中之重。新闻传播学的学科、学术和话语体系,正处于持续的变革、更新与迭代过程中,加强教材建设显得更为重要。只有建构高水平的教材体系,才能满足立德树人的时代需要,才能为培养新时代的卓越新闻传播人才提供知识基础。教材也是中外文化交流和文明互鉴的重要载体。要向世界提供中国方案、贡献中国智慧,向世界民众传播中国理论、中国话语,教材是重要的依托和媒介。新闻传播学教材是中国特色新闻传播学知识体系的重要构成部分,肩负着向全人类贡献中国新闻传播话语、理论、思想的历史使命。

本系列教材是国家级一流专业建设精品教材。在某种意义上,本系列教材是顺应国家层面一流本科专业和一流本科课程"双万计划"建设的时代产物。2019年4月,教育部办公厅正式发布《关于实施一流本科专业建设"双万计划"的通知》,提出在2019—2021年,建设一万个左右国家级一流本科专业点和一万个左右省级一流本科专业点。在一万个左右国家级一流专业中,包含236个新闻传播学类专业。目前,全国约有1400个新闻传播学类本科专业,国家级一流专业显然具有极其重要的示范价值。2019年10月,教育部发布《关于一流本科课程建设的实施意见》,正式启动一流课程"双万计划"。在一流本科专业和一流本科课程"双万计划"建设中,教材建设无疑是极为重要的。

华中科技大学新闻与信息传播学院创建于1983年,是全国理工科院校中创立的第一个新闻院系,开国内网络新闻传播教育之先河。1983年3月,华中工学院派姚启和教授赴京参加全国新闻教育工作座谈会,到会代表听说华中工学院也准备办新闻系,认为这本身就是新闻。第一任系主任汪新源教授明确指出,我们的目标是培养文理知识渗透的新闻专业人才,我们和中国人民大学、复旦大学、武汉大学办的新闻学专业不一样。1998年,华中理工大学在新闻系基础上,成立了新闻与信息传播学院。学院坚持以"应用为主,交叉见长"为学科发展和专业建设理念,走新闻传播科技与新闻传播文化相结合的道路,推进人文学科、社会科学与自然科学、技术科学交叉融合。经过程世寿教授、吴廷俊教授、张昆教授等历任院长(系主任)的推动、传承和改革创新,学院逐渐形成并不断深化自身的特色。可以说,学院秉持学科交叉的人才培养理念,在传统的人文教育和"人文+社会科学"新闻教育模式之外,于众多高校新闻传播人才培养模式中走出了一条独特的发展道路。

近年来,学院坚持"面向未来、学科融合、主流意识、国际视野"的人才培养理念,致力于培养具有家国情怀、国际视野和新技术思维,适应媒体深度融合和行业创新发展,能胜任中外文化传播与文明互鉴的卓越新闻传播人才。在人才培养过程中,注重学生综合素质与专业水平、理论功底与业务技能、实践精神与创新思维的均衡发展。在这样的思维理念指导下,学院以跨学科、跨领域、跨文化为专业建设路径。所谓"跨学科",即强化专业特色,建设多元化的师资队伍,凝聚跨学科的新兴方向,组建创新团队,培育跨学科的重要学术成果;所谓"跨领域",是在人才队伍、平台建设等方面拓展社会资源,借助业界的力量提升学科实力和办学水平,通过与知名业界机构的密切合作提高本学科的行业与社会知名度;所谓"跨文化",是扩大海外办学空间,建设国际化科研网络,推出高水平合作研究成果,推进学术成果的国际发表和出版,提升学科的国际知名度和美誉度。

目前,学院拥有五个本科专业:新闻学(另设有新闻评论特色方向)、广播电视学、传播学、广告学、播音与主持艺术。其中,新闻学、广播电视学、传播学入选国家级一流本科专业建设点,广告学、播音与主持艺术入选省级一流本科专业建设点。与此同时,学院还建设了包括"外国新闻传播史""新媒体用户分析""网络与新媒体应用模式""传播学原理"等在内的一批一流课程。为持续推进一流专业建设和一流课程建设,我们经过近三年的策划和组织,编撰推出"普通高等教育新闻传播学类国家级一流专业建设精品教材",为促进新时代卓越新闻传播人才培养、推进中国新闻传播教育转型、建设中国特色新闻传播学知识体系贡献华中科技大学新闻传播学科的思想智慧与解决方案。

本系列教材包括三个子系列:专业改革创新卷、卓越人才培养卷、学生实践创新卷。其中,专业改革创新卷以促进专业建设为宗旨,致力于探讨在新的时代条件下,开展新闻传播学类专业建设的理念、思维、机制和措施的探索,具体包括专业改革创新的指导思想、课程思政、教师与学生、课程与教材、授课形式、教学团队、实践创新、育人机制、交流机制等方面的内容。特别的是,我们在课程思政建设方面做了一些探索,取得了一些成果。2022年,学院作为牵头单位,编撰出版了《新文科背景下专业课程思政教学指南》,系全国首部文科类课程思政教学指南;同时,编写的《新闻传播学专业课程思政教学指南》即将于2023年春由华中科技大学出版社出版,系全国首部新闻传播学类课程思政教学指南。

卓越人才培养卷以推进课程教材建设为宗旨,致力于促进新闻传播学类各专业核心课程、前沿课程、选修课程教材的编撰和出版。在我们的设计中,其既包括传统意义上的正式课堂教材,也包括各种配套教材,譬如案例选集、案例库、资料汇编等。课堂教学的教材建设是专业建设的重要构成部分,对于促进快速转型中的新闻传播领域的知识更新和理论重构,具有极其重要的意义。我们以培养全能型、高素质、复合型、创新型的新时代卓越新闻传播人才为目标,着眼于培养学生的跨领域知识融通能力和实践能力。教材是实现上述目标的重要依托和载体。我们在推进卓越人才培养卷教材编撰的过程中,特别注重将新时代中国特色社会主义伟大实践和中国媒体深度融合发展的最新成果及时进行转化并融入其中,以增强新闻传播教育教学的时代性和针对性。

学生实践创新卷以提升学生实践水平为宗旨,致力于培养学生面向媒体融合前沿、面向文化传承、面向国际传播的实践意识和能力。新闻传播学类各专业具有很强的应用性,必须面向实践和行业。"以学为中心",在某种意义上就是要注重实践。新时代的卓越新闻传播人才培养,必须建构基于实践导向的育人机制,其中包括课程、实验室与实践平台、实践指导团队、学生团队实践、实践作品、实践保障机制等诸要素,构成一个完整的闭环。我们编撰学生实践创新卷教材,是要通过对华中科技大学新闻传播学子原创实践作品的聚沙成塔、结集成册,充分展现他们在评论、报道、策划等领域的优秀成果,展现他们的创作水平、责任意识和家国情怀。这些成果中的一部分,可能稍显稚嫩,却是学生在专业领域创造的杰作,凝聚着青年学子的思想智慧和劳动结晶。当然,这些成果也是学院教师们精心指导的结果,是教学相长的产物,对于推动专业建设具有重要的参考、借鉴和示范意义。

在我们的理解中,教材的概念相对宽泛,不仅包括传统意义上的课堂教材和辅助性教学材料,还包括专业改革创新著作和学生实践创新作品。教材是构成专业建设的基石,一流的专业必然拥有一流的课堂教材、教改成果和实践成果。本系列教材名为"国家级一流专业建设精品教材",但并不仅仅服务于本科专业的建设,还囊括针对研究生各专业建设的教材作品。打通本科生专业建设和研究生专业建设,是本系列教材的一个重要创新。我们认为,只有在一流本科专业建设的基础上,才能建设好一流的研究生专业。

2023 年将迎来华中科技大学新闻与信息传播学院四十周年华诞。四十年筚路蓝缕,以启山林;四十年创业维艰,改革前行。经过四十年的历程,学院建成了全国名列前茅的新闻传播学科,培养了数以万计具有国际视野、家国情怀的高素质复合型新闻传播人才,成为华中科技大学人文社会科学学科蓬勃发展的一张名片。值此佳期到来之际,我们隆重推出"普通高等教育新闻传播学类国家级一流专业建设精品教材",为学院四十周年华诞献礼。本系列教材是教育部首批新文科研究与改革实践项目"基于多学科融合的卓越新闻传播人才培养体系创新改革研究"的重要阶段性成果,体现了华中科技大学新闻传播学科专业建设发展的主要特色。根据规划,本系列教材将在 2025 年前全部出版完毕,将包括约 50 部作品,可谓蔚为大观。在此,我们要感谢中共湖北省委宣传部、中共湖北省委教育工作委员会、湖北省教育厅与华中科技大学共建新闻学院的项目经费支持,同时,我们也要感谢华中科技大学本科生院在经费上的大力支持,正是有了这些经费的资助,本系列作品才能出版面世,与读者相见,接受诸位的评判和检验。

本系列教材是华中科技大学新闻与信息传播学院致力于推进中国新闻传播教育转型发展的努力与尝试。我们希望这样的努力与尝试,将在中国特色新闻传播学知识体系建构过程中留下历史印记,为新时代培养造就更多具有使命担当、家国情怀和国际视野的卓越新闻传播人才贡献华中大新闻传播学科的思想、智慧和方法。

华中科技大学新闻与信息传播学院院长,教授、博士生导师

张明新

2022 年 12 月 12 日

前言

长期以来,我国坚持依法治国、依法执政、依法行政共同推进,坚持法治国家、法治政府、法治社会一体建设,深入推进科学立法、严格执法、公正司法、全民守法,全面依法治国实践取得重大进展。[①] 为了适应新的形势、解决新的问题,我国不断修订完善相关法律,从而更好地保障公民的权利。如2020年5月28日第十三届全国人民代表大会第三次会议通过《中华人民共和国民法典》、2020年10月17日第十三届全国人民代表大会常务委员会第二十二次会议修订《中华人民共和国未成年人保护法》、2021年8月20日第十三届全国人民代表大会常务委员会第三十次会议通过《中华人民共和国个人信息保护法》。我国没有专门的媒体法,与媒体相关的法律规范散见于各部门法,所以诸多法律的颁布与修订都与媒体密切相关。编写一本内容相对丰富的媒体法是基于以下两个层面的考虑。

其一,与新闻侵权、新闻法相比,媒体法是一个相对宽泛的概念,可以更好地涵盖实践中与媒体相关的各类法律纠纷。新闻侵权往往关注的是新闻报道中侵害民事权益的内容,新闻法更多地关注作为机构的新闻媒体和职业的新闻工作者在新闻报道中所涉及的法律问题,如探讨新闻工作者进行不实报道,或公开他人隐私侵害他人名誉权等问题。而在新媒体环境下,新闻业生态发生巨大变化的情况下,发布新闻的主体、满足公众知情权的内容都在扩大化,使得发生法律纠纷的领域也更为多样,不仅有传统媒体侵权行为,更有媒体公司在日常运营中出现的各类法律问题,种种现象促使媒体法所涵盖的内容更为丰富。所以媒体法案例不仅包括新闻机构与公民、法人之间的法律纠纷,也包括各类新媒体及不同类型信息传播主体与公民、法人之间的法律纠纷,如移动视频App、微信公众号运营者、腾讯公司、优酷公司、社交媒体上的普通个人等都可能成为法律侵权案中的原告或被告。

其二,媒体法不仅要关注新闻报道与人格权的冲突,而且要关注新媒体信息传播、实践运营中涉及的法律问题。在新媒体的运营实践中,从合同的签订到信息内容的传播,从媒体商标的使用到媒体与其他企业的竞争,都与法律密切相关。如传媒公司未履行合同义务构成违约行为、摹仿微信商标在不同类商品上使用构成商标侵权、未经许可在自媒体上发布他人作品构成侵权、视频网站刷量行为构成不正当竞争,此类案例与媒

[①] 《开辟全面依法治国新境界》,《人民日报》,2022-07-29。

体生存发展息息相关,也应当成为媒体法案例的主要内容。

可以说,在新媒体环境下,媒体法不应当仅仅聚焦于"新闻报道"涉及的法律问题,媒体信息传播过程中、媒体的商业运营过程中产生的法律纠纷都需要我们了解。特别是对新闻传播学专业的学习者、新媒体行业的从业者而言,需要了解不同类型的侵权案件有哪些、侵权判定的依据是什么。《媒体法案例及评析》一书的编写初衷便在于此:在呈现媒体法案例的基础上,明晰媒体的自由与界限,明晰媒体运营中的法律问题。

本书的编写思路如下。

(1) 全书是以主题的形式进行分章,将信息传播中的法律问题分门别类地归纳,共分为七章,这七章分别涉及"媒体与名誉权、隐私权""媒体与肖像权""媒体与著作权""媒体与合同纠纷""媒体与商标""媒体与不正当竞争""媒体与刑事犯罪"等内容,这些问题都是目前信息传播中突出的法律问题。可以说将与媒体相关的重要法律问题都纳入本书。

(2) 在每一章,选取了典型的案例进行分析。全书共有七章27个案例。这些案例都是近几年具有一定影响力的案例,或具有代表性,或具有启发性。本书不仅关注传统媒体,也更多地关注新媒体,不仅关注与新闻媒体相关的案例,也关注各类其他媒体法案例,从而力求案例库的丰富多样。

(3) 本书主要是进行案例的介绍与评析,每一个案例背后都与法律条文、法律知识有关,所以在附录部分,将每一章的扩展阅读材料列出,从而为读者进行深入学习提供帮助。

本书在编写时注意以下问题,力求使内容更为全面,也更具有易读性。

第一,每一节为一个独立的案例,案例的编写逻辑相同,从而使媒体法案例的内容得到更为清晰的呈现。每一个案按照"案情简介、案件焦点与法理评析、判决结果、审理时参阅法条"这样的逻辑展开,上面这四点的具体内容都是来自我国法院的民事或刑事判决书,具有权威性。案情介绍往往以时间为序,讲述法律纠纷的起因以及原告的诉求;然后根据法院的判决书梳理出该案件的焦点,并依据判决书进行法理评析。所有的案例都详细完整,方便读者阅读。

第二,不仅仅关注涉及新闻媒体的法律纠纷,更多案例关注新媒体法律问题。如自媒体运营商传播个人信息构成隐私权侵权,未经许可在移动视频App上直播电视节目构成侵权,付费超前点播视频服务模式违反会员协议,视频客户端屏蔽视频网的片前广告构成不正当竞争,在互联网上运营淫秽色情网站构成传播淫秽物品牟利罪等,这些案例都是当下媒体法领域关注的热点。

第三,与信息传播、各类媒体相关的法律条文、法律知识点很多,本书不进行全部法律条文或知识点的呈现,而是以案例为中心,在介绍每一个案例过程中,将与该案例相关的法律条文或知识点串联起来,从而提升读者的阅读兴趣。

国内诸多高校都开设了"新闻传播法规与伦理""媒体法"等相关课程,本书可以作为这些课程的参考书,使媒体相关专业的学生可以在掌握理论知识的同时,增强法律意识,培养法治精神。同时,本书也可以作为媒体从业者的参考用书。本书通过梳理媒体法领域的相关热点法律案例,用案例带动理论探讨,行文通俗易懂,方便阅读者掌握媒体在实践运行中面对的种种法律问题,规避法律风险。

我国建立了人民法院庭审公开、裁判文书公开、执行信息公开、审判流程公开四大公开平台,通过这些平台上的资料,我们可以清晰地了解法律纠纷的起因、原告被告的争议点、法院判决的法理解释等,这些为编者编写本书提供了权威生动的信息来源。当然,从诸多的法律案例中选取相对典型的案例并梳理评析,对编者的审读、编辑与评析能力提出了极高的要求,虽然编者尽力查找核对,但疏漏、不妥之处在所难免,敬请各位读者指正。

编 者

2023 年 5 月

目录

第一章　媒体与名誉权、隐私权　1

　案例1.1　媒体的不实报道构成名誉权侵权——北京奇虎科技有限公司、奇智软件有限公司与成都每日经济新闻报社有限公司、上海经闻文化传播有限公司名誉权纠纷案　1

　案例1.2　社交媒体转发不实内容构成名誉权侵权——黄某某与北京微梦创科网络技术有限公司、袁某名誉权纠纷案　6

　案例1.3　网络空间散布个人信息构成名誉权、隐私权侵权——王某与海南天涯在线网络科技有限公司、北京凌云互动信息技术有限公司名誉权、隐私权纠纷案　11

　案例1.4　微博上发布含有侮辱诽谤的攻击言论构成侵权——方某某与崔某某名誉权纠纷案　15

　案例1.5　自媒体发表侮辱烈士视频构成名誉权侵权——叶挺后人诉"暴走漫画"案　19

　案例1.6　在自媒体上发布他人身份证号等个人信息构成隐私权侵权——赵某与重庆扬敞企业营销策划有限公司隐私权纠纷　23

第二章　媒体与肖像权　27

　案例2.1　擅自商业使用他人表演形象构成肖像权侵权——葛优与艺龙网信息技术（北京）有限公司肖像权纠纷案及评析　27

　案例2.2　合理使用名人肖像不构成肖像权侵权——周某一、周某二等与贵州人民出版社图书发行公司、无锡当当网信息技术有限公司等肖像权纠纷案　31

　案例2.3　将他人照片错误放置负面报道中构成肖像权侵权——张某某与中国互联网新闻中心肖像权纠纷案　35

第三章　媒体与著作权　39

　案例3.1　网络服务商定向链接侵权视频需承担法律责任——优酷信息技术有限公司与深圳市迅雷网络技术有限公司信息网络传播权纠纷案　39

　案例3.2　信息存储空间上存储侵权影视作品需承担责任——优酷网络技术有限公

　　　　　　司与北京百度网讯科技有限公司信息网络传播权纠纷案　42

　　案例 3.3　手机 App 传播未经许可的音乐作品构成侵权——广州繁星互娱信息科技有限公司与咪咕动漫有限公司、咪咕文化科技有限公司录音录像制作者权纠纷案　47

　　案例 3.4　未经许可在移动视频 App 上直播电视节目构成侵权——浙江广播电视集团与中国联合网络通信集团有限公司等广播权纠纷案　50

　　案例 3.5　未经许可在自媒体上发布他人作品构成侵权——长沙图宝科技有限公司与烟台皇家牧场科技有限公司网络传播权纠纷案　54

第四章　媒体与合同纠纷　59

　　案例 4.1　付费超前点播视频服务模式违反会员协议——吴某某与北京爱奇艺科技有限公司网络服务合同纠纷案　59

　　案例 4.2　传媒公司未履行合同义务构成违约行为——北京强强盛世文化发展有限公司与北京环球创影国际文化传媒有限公司合同纠纷案　65

第五章　媒体与商标　68

　　案例 5.1　摹仿驰名商标在不同类商品上使用构成商标侵权——微信保健品有限公司与腾讯科技有限公司商标权纠纷案　68

　　案例 5.2　在同类商品上使用他人未注册驰名商标构成商标侵权——商务印书馆有限公司与华语教学出版社有限责任公司侵犯商标权案　73

　　案例 5.3　使用与驰名商标相同或相似的商标构成侵权——北京字节跳动科技有限公司、北京微播视界科技有限公司与周口市亿达食品有限公司、姑苏区大小白零食店侵害商标权纠纷　78

第六章　媒体与不正当竞争　83

　　案例 6.1　视频客户端屏蔽视频网的片前广告构成不正当竞争——北京爱奇艺科技有限公司与上海真彩多媒体有限公司不正当竞争纠纷案　83

　　案例 6.2　商品营销中的搭便车宣传构成不正当竞争——上海玄霆娱乐信息科技有限公司与上海游族信息技术有限公司不正当竞争纠纷案　86

　　案例 6.3　视频网站刷量行为构成不正当竞争——北京爱奇艺科技有限公司与杭州飞益信息科技有限公司等不正当竞争纠纷案　90

　　案例 6.4　使用知名小说中的人物名称撰写同人作品构成不正当竞争——查某与杨某、北京联合出版有限责任公司等不正当竞争纠纷案　93

第七章　媒体与刑事犯罪　98

　　案例 7.1　自媒体从业者有偿删帖构成敲诈勒索罪——何某某、曹某某、付某某等利用自媒体敲诈勒索案　98

　　案例 7.2　在互联网上运营淫秽色情网站构成传播淫秽物品牟利罪——高某自建网站传播淫秽色情视频图片案　102

　　案例 7.3　传播虚假医疗广告致使多人健康受损构成虚假广告罪——黄某某、杨某一、杨某二、杨某三等人制作传播虚假广告案　106

案例7.4 侵入破坏网络系统传播恐怖信息构成刑事犯罪——陈某某故意传播虚假
       恐怖信息案   110
附录 每章扩展阅读材料   114
后记   118

第一章 媒体与名誉权、隐私权

媒体在信息传播的过程中,容易发生侵犯公民名誉权、隐私权的情况。在传统媒体时代,记者、编辑等充当了信息把关人的角色,他们多具有一定的法律意识,在报道时会规避侵权信息,使得侵权报道的数量相对较少。随着社交媒体的发展,每个人、每个企业等都可以成为信息的发布者,如果缺乏相应的法律素养,那各类侵权现象便容易发生了。作为一名信息传播者,无论是新闻编辑,还是自媒体运营者,或者是个人信息发布者,了解侵犯名誉权、隐私权的相关法律知识,显得十分重要。

关于名誉权、隐私权的相关法律规定主要出现在《中华人民共和国民法典》(简称《民法典》)中。2020年5月28日十三届全国人大三次会议表决通过了《民法典》,自2021年1月1日起施行。《民法典》共7编1260条,各编依次为总则、物权、合同、人格权、婚姻家庭、继承、侵权责任,以及附则。《民法典》通篇贯穿以人民为中心的发展思想,对公民的人身权、财产权、人格权等作出明确翔实的规定,并规定侵权责任,明确权利受到削弱、减损、侵害时的请求权和救济权等。

本章主要讨论了"新闻媒体进行不实报道、社交媒体发布不实消息、个人在论坛上发布他人隐私信息、微博上发布侮辱诽谤内容、自媒体运营者发表侮辱烈士视频、自媒体运营者发布他人身份信息等"几个典型问题,聚焦在名誉权侵权的构成要件、侮辱诽谤的判定、个人隐私保护要件等关键法律知识点的解读上,其中既有传统媒体与网络公司的纠纷,也有自媒体与自然人的纠纷等,以期比较全面地呈现媒体与名誉权、隐私权的相关案例。

案例1.1 媒体的不实报道构成名誉权侵权——北京奇虎科技有限公司、奇智软件有限公司与成都每日经济新闻报社有限公司、上海经闻文化传播有限公司名誉权纠纷案

一、案情简介

新闻媒体是公众了解社会各类信息的重要渠道,在社会舆论监督方面发挥着不可替代的作用,新闻媒体的正当舆论监督权理应得到法律的保护。但当新闻媒体在行使该项权利时违背了新闻报道的基本原则,致使新闻报道对事实的描述和评价发生严重偏颇时,是否会对法人名誉权造成损害?是否需要承担相应的责任?下面的案例便是围绕这一问题而展

开的。

成都每日经济新闻报社有限公司(简称每经公司)是《每日经济新闻》报纸的出版方,亦是每经网上文章的版权所有人,上海经闻文化传播有限公司(简称经闻公司)系《每日经济新闻》的主办单位。2013年2月26日,《每日经济新闻》第1996期第1～5版发布以"360黑匣子之谜——奇虎360'癌'性基因大揭秘"为主题的报道。该报道分为技术篇与商业篇,其中技术篇包括《360:互联网的癌细胞》《360产品内藏黑匣子:工蜂般盗取个人隐私信息》《360后门秘道:"上帝之手"抑或"恶魔之手"》3篇专题报道,商业篇包括《360:互联网的"一枝黄花"》《360生意经:圈地运动与癌性扩张》《360制胜"秘籍":神秘的V3升级机制》《360产品频遭卸载令背后:个人隐私自卫意识在觉醒》4篇专题报道(以下统称"涉案报道")。

北京奇虎科技有限公司(简称奇虎公司)系涉案"360安全卫士"软件的著作权人,亦是360安全中心网的主办单位,奇智软件北京有限公司(简称奇智公司)系涉案"360安全浏览器"软件的著作权人。上述7篇涉案报道主要是对360公司进行揭露与质疑。如文章中写"360的成功,更重要的在于其'创新型破坏':破坏才是目标。通过破坏,打破既有规则,从中获得市场与利益";"在这场看不见的战争中,360表现出两个粗暴:粗暴侵犯网民的合法权益(隐私权、知情权、同意权),粗暴侵犯同行的基本权益,肆无忌惮地破坏行业规则,从而实现其'一枝黄花'式的疯狂成长";"《每日经济新闻》记者第一次查清,360是如何在其庞大的以安全著称的'安全卫士''安全浏览器'软件中,植入非法程序,并通过该非法程序中的'后门机制'与360云端配合,形成全球独一无二的秘密内部机制";"当360要发动一场讨伐竞品的战争时,其便启动'V3机制'——通过'安全卫士''安全浏览器'在用户电脑中私自卸载竞争对手的产品,私自安装自己要推广的产品,从而以最便捷的方式一举占领市场";"360正是网络社会的毒瘤。此瘤不除,不仅中国互联网社会永无安宁之日,整个中国都永无安宁之日";"拒绝'360浏览器':一场'斯大林格勒保卫战'"。

涉案报道于同日发布在由经闻公司主办、每经公司享有版权的每经网(www.nbd.com.cn)首页。2013年2月26日涉案报道刊发后,先后被新浪网的财经和科技板块、搜狐网的新闻板块、中青在线网的法治新闻板块等网络媒体转载。

奇虎公司、奇智公司诉至法院,请求判令:①两被告立即停止侵权,即停止销售2013年2月26日《每日经济新闻》第1996期报纸,并对已经销售的该期报纸立即召回予以销毁,删除每经网及《每日经济新闻》电子报纸网站上的涉案报道及授权转载链接,消除影响;②两被告在《每日经济新闻》报纸第一版及每经网首页、人民日报网站首页、中国青年报网站首页、法制日报网站首页、南京日报网站首页、新浪网首页、搜狐网首页、优酷网首页、360网站首页的显著位置向两原告公开赔礼道歉持续90日,予以消除影响;③两被告赔偿两原告经济损失5000万元。①

---

① 该案件的介绍与评析内容来自:上海市徐汇区人民法院(2013)徐民二(商)初字第913号;上海市第一中级人民法院(2014)沪一中民四(商)终字第2186号。

二、案件焦点与法理评析

本案系名誉权纠纷,双方当事人争议的焦点在于:其一,关于涉案报道是否存在使用侮辱性语言丑化奇虎公司、奇智公司从而损害其名誉的情形;其二,涉案报道是否存在使用严重失实的内容诋毁奇虎公司、奇智公司从而损害其名誉的情形;其三,涉案报道是否存在恶意威胁和恐吓奇虎公司、奇智公司消费群体从而损害其名誉的情形;其四,涉案报道是否存在精心设计、以重点大篇幅系列报道的方式,从报道整体结构上全面损害其名誉的情形。

在法院审理过程中,对以上四个焦点进行了回应。

其一,涉案报道使用了"互联网的癌细胞""工蜂般盗取用户信息"等语句,揭示了整篇报道的强烈批判性立场,报道中还使用了"癌性基因""肆无忌惮地破坏""'一枝黄花'式的疯狂成长""癌性浸润""网络社会的毒瘤""此瘤不除,不仅中国互联网社会永无安宁之日,整个中国都永无安宁之日""'间谍'式的监控""反人类""通过偷梁换柱的方式掩盖其恶行""一对并蒂的'恶之花'""癌式扩张"等带有明显贬义的词汇、语句。这些语言带有强烈的主观感情色彩和尖锐的攻击性,超出了新闻媒体在从事正常的批判性报道时应把握的限度。

每经公司、经闻公司抗辩主张奇虎公司、奇智公司系在安全软件领域和互联网服务领域具备市场支配地位、个别领域具备垄断地位的企业,故其软件产品的性能及安全隐患等问题应当纳入公共领域,交由公众监督批评,奇虎公司、奇智公司应对此给予最大限度的容忍。法院认为,奇虎公司、奇智公司产品的安全性涉及公共利益,每经公司、经闻公司作为媒体有代表公众行使舆论监督的权利,但法律保护的是媒体正当的舆论监督,即媒体所持的立场应是客观中立的、所作的评论应是诚实善意的。而从前述列举的涉案报道的表述来看,已经超出善意的公正评论的范畴,诸如"粗暴侵犯同行的基本权益,肆无忌惮地破坏行业规则,从而实现其"'一枝黄花'式的疯狂成长""癌式扩张"等内容,俨然是站在奇虎公司、奇智公司竞争者的角度对奇虎公司、奇智公司作出贬损描绘。特别是在指出相关360软件存在盗取用户隐私、暗留"后门"等重大问题时,涉案报道多处引用匿名网络人士及360竞争对手的观点、评论,却对于奇虎公司曾就这些问题作出的澄清及说明、已生效判决的相关认定只字不提,并在此基础上发布带有明显倾向性、定论性的评述。即使不考虑上述评论所依据的内容是否真实,这些评论也有违新闻媒体在从事舆论监督时应有的客观中立立场,存在明显的主观恶意,且必然对奇虎公司、奇智公司的商业信誉和产品声誉造成不良影响,构成对奇虎公司、奇智公司名誉权的侵犯。

其二,涉案报道的内容主要分为两个部分,360软件的技术问题和360公司存在不正当竞争。(1)关于360软件的技术问题。根据每经公司、经闻公司的辩称意见,涉案报道中涉及360软件技术问题的事实依据主要来源于独立调查员的现场演示和互联网威慑防御实验室(简称IDF实验室)的检测报告,但独立调查员系网络化名人士,目前身份不明,IDF实验室系民间组织、无从事软件检测的法定资质,故涉案报道的事实来源缺乏权威性。奇虎公司、奇智公司提供的证据表明涉案360相关软件的安全性获得了公安部计算机病毒防治产品检验中心、中国信息安全测评中心、中国软件评测中心等专业机构的认证,与每经公司、经闻公司提供的证据相比更具权威性。即使如每经公司、经闻公司所述上述认证并非针对涉案报道指称问题,但奇虎公司、奇智公司对每经公司、经闻公司所称"360安全卫士""360安全浏览器"存在的技术现象均给出了相应的解释,以目前双方提供的证据来看尚不足以形成定论。在此情况下,涉案报道却以举例、比喻、"业内专家"观点引述等方式以小证大,夸大、强化了上述技术现象,恶意引导奇虎公司、奇智公司消费群体误信每经公司、经闻公司报道内容,臆想出严重的隐私受侵后果,从而对奇虎公司、奇智公司的商业信誉和产品声誉造成不良影响。(2)关于360公司存在不正当竞争。涉案报道的信息来源主要是独立调查员、SY等网络化名人士以及IDF实验室万某的分析认证,网民对相关情况的反映和在线媒体的相关报道,其中大部分内容在涉案报道发布之前已受到业内关注和讨论,相关观点亦非涉案报道首次提出,且关于360产品在苹果商店下架引发业界猜测、奇虎公司被工商行政管理部门约谈以及360软件的一些技术措施被法院判决构成不正当竞争等事实确实存在,故涉案报道的该部分内容有一定的事实依据而非凭空捏造。但文中对360公司进行不正当竞争的相关技术手段的分析认证以及得出的结论缺乏权威性,且在选取之前媒体报道时仅选择了对奇虎公司、奇智公司不利的负面报道,存在一定的倾向性,有违新闻报道全面听取各方当事人意见、客观反映事实的原则,在此基础上以确定性、批判性口吻陈述相关结论,系对片面事实的夸大,必然会对奇虎公司、奇智公司的商业信誉和产品声誉造成不良影响。综上,在相关技术问题尚无定论的情况下,虽难以认定涉案报道的内容存在严重失实,但涉案报道夸大事实、引导读者对尚无定论的问题产生确定性结论的做法,亦构成对奇虎公司、奇智公司名誉权的侵犯。

其三,奇虎公司、奇智公司诉称涉案报道存在着恶意威胁和恐吓,这一诉称主要基于涉案报道中对360相关软件盗取用户隐私和存在"后门"的确定性表述及批判性评论,以及文中所提到的360遭到法院判决8连败,被百度、网易、宝钢、招商银行等大型公司卸载等内容,诉称涉案报道据此恐吓奇虎公司、奇智公司消费群体,说360产品存在安全风险并诱导用户卸载。所谓恶意威胁、恐吓,是指以某种手段挟制他人、使之感到畏惧恐慌、从而做出违背自己意愿的事情。就涉案报道来说,虽然部分用语有"危言耸听"之嫌,且文中的相关内容确有可能使奇虎公司、奇智公司消费群体对360相关产品的安全性以及"奇虎360"的品牌形象产生怀疑,但尚不足以导致奇虎公司、奇智公司消费群体因为感到恐慌而不得不卸载360相关软件的情形,故对于奇虎公司、奇智公司所述涉案报道存在恶意威胁和恐吓,法院不予认定。

其四,奇虎公司、奇智公司诉称从涉案报道的制作、发布、体例、篇章结构、标题、语言特点等方面看,涉案报道系每经公司、经闻公司有意策划、积极主动地实施针对奇虎公司、奇智公司的名誉侵权行为。每经公司、经闻公司则辩称涉案报道所涉及的全部事实均源于其他信息源,且在每经公司、经闻公司采编刊发之前已为公众所知悉,并非每经公司、经闻公司自行杜撰、捏造,更谈不上精心设计。法院认为:首先,涉案报道系针对奇虎公司、奇智公司及其产品的批判性系列专题报道,报道的版面、体例、标题、语言等方面均体现了这一点。每经公司、经闻公司作为新闻媒体,对受到广泛关注的热点问题进行大篇幅专题报道系其日常报道的重要组成部分,亦是其吸引读者注意力、提升自身影响力的有效手段,故仅以涉案报道的结构、篇幅等来认定每经公司、经闻公司系有预谋的侵权行为缺乏依据。其次,虽然每经公司、经闻公司无法提供涉案报道的采访、调查记录,但从文中有大量对相关360软件的技术现象进行实际操作与分析的详细描述来看,可以确认记者在刊发涉案报道之前做了一定的核实与查证,而非简单地将针对奇虎公司、奇智公司的负面报道予以汇总,不排除每经公司、经闻公司在确信相关技术问题真实存在的情况下发表涉案报道的可能性。鉴于本案现有证据无法证明每经公司、经闻公司在着手调查和编写报道之前已丧失新闻媒体的中立立场,法院对奇虎公司、奇智公司所述涉案报道系每经公司、经闻公司有预谋的整体侵权行为,不予认定。

在本案中,需要注意的是,纵观数篇报道文章的内容,可以确定报道文字引用普遍存在尖锐苛刻、个别存在使用侮辱性语言的现象,显然超出了客观报道的界限,具有明显的倾向性。这超出了新闻媒体正常行使批评监督的界限,构成对奇虎公司、奇智公司名誉权的侵害。每经公司、经闻公司作为新闻媒体在行使自己的舆论监督权时理应更加严谨、客观,恪守职业道德底线,从而避免新闻报道侵权的发生。

三、判决结果

2014年9月19日,法院判决如下:

(1)被告成都每日经济新闻报社有限公司、上海经闻文化传播有限公司应于本判决生效之日起十日内停止销售2013年2月26日《每日经济新闻》第1996期报纸,删除每经网(www.nbd.com.cn)上的涉案报道及授权转载链接。

(2)被告成都每日经济新闻报社有限公司、上海经闻文化传播有限公司应于本判决生效之日起十日内连带赔偿原告北京奇虎科技有限公司、奇智软件(北京)有限公司经济损失及合理维权费用合计人民币150万元。

(3)被告成都每日经济新闻报社有限公司、上海经闻文化传播有限公司应于本判决生效之日起十日内连续十日在《每日经济新闻》报纸第一版显著位置、每经网(www.nbd.com.cn)首页显著位置,连续七日在新浪网(www.sina.com.cn)的财经和科技板块、搜狐网(www.sohu.com.cn)的新闻板块、中青在线网(www.cyol.net)的法治新闻板块首页显著位置就其侵犯名誉权行为向原告北京奇虎科技有限公司、奇智软件(北京)有限公司赔礼道歉,消除影响。

(4)驳回原告北京奇虎科技有限公司、奇智软件(北京)有限公司的其他诉讼请求。

每经公司、经闻公司不服原审判决,共同向上海市第一中级人民法院提起上诉。2015年6月8日,上海市第一中级人民法院二审经审理后判决驳回上诉,维持原判。

四、审理时主要参阅的法条

①《中华人民共和国民法通则》①。

第一百零一条　公民、法人享有名誉权,公民的人格尊严受法律保护,禁止用侮辱、诽谤等方式损害公民、法人的名誉。

第一百二十条　公民的姓名权、肖像权、名誉权、荣誉权受到侵害的,有权要求停止侵害,恢复名誉,消除影响,赔礼道歉,并可以要求赔偿损失。

法人的名称权、名誉权、荣誉权受到侵害的,适用前款规定。

②《中华人民共和国侵权责任法》②。

第八条　二人以上共同实施侵权行为,造成他人损害的,应当承担连带责任。

案例1.2　社交媒体转发不实内容构成名誉权侵权——黄某某与北京微梦创科网络技术有限公司、袁某名誉权纠纷案

一、案情简介

将社交媒体上其他用户发布的虚假信息,未经核实在自己的社交媒体上发布,是否构成名誉侵权,这一案例为我们提供了答案。在微梦创科公司经营的新浪微博平台上,昵称为"×××品牌观察"的网络用户袁某于2016年4月7日20时31分,发布微博博文,其内容主要是讲黄某某作为投资合伙人的投资公司(上海东虹桥互联网金融信息服务有限公司)卷钱跑路了,并附有网络链接,网页链接指向4月7日14时18分,豆瓣网用户"晨起的风"在

---

① 《中华人民共和国民法通则》(简称《民法通则》)于2021年1月1日废止,《中华人民共和国民法典》(简称《民法典》)于2021年1月1日施行。其中《民法通则》第一百零一条对应《民法典》第一千零二十四条,其第一千零二十四条修改如下:"民事主体享有名誉权。任何组织或者个人不得以侮辱、诽谤等方式侵害他人的名誉权。名誉是对民事主体的品德、声望、才能、信用等的社会评价。"第一百二十条对应《民法典》第九百九十五条,其第九百九十五条修改如下:"人格权受到侵害的,受害人有权依照本法和其他法律的规定请求行为人承担民事责任。受害人的停止侵害、排除妨碍、消除危险、消除影响、恢复名誉、赔礼道歉请求权,不适用诉讼时效的规定。"

② 《中华人民共和国侵权责任法》(简称《侵权责任法》)于2021年1月1日废止,其第八条对应《民法典》第一千一百六十八条,该法条在《民法典》中并未有相应修改。

"八卦来了"板块发表的《黄某某是不是药丸》一文。① 该微博文字内容下方上传了五幅文字截图,内容为网友的跟帖评论。"×××品牌观察"是蓝V认证实际用户,粉丝人数为232689人,粉丝总订阅人数116051人,"×××品牌观察"在微博中介绍其为"品牌研究自媒体微博",行业类别为"机构自媒体IT互联网"。

该条微博截至2016年4月11日13时已被转发178次,评论56次,点赞41次,该条微博在最终删除前的阅读数为138568次。该条微博所涉及的内容其后被腾讯财经、21财经搜索、互联网行业、三分精选视频汇等微信公众号转载传播。

2016年4月8日,上海东虹桥互联网金融信息服务有限公司发布如下《声明》:"去年……黄某某拍摄了'有梦,有未来'宣传片等推广素材,我司并以黄某某为该项目的'明星合伙人'的名义进行宣传,造成了公众的误解和混淆。我司在此澄清黄某某除与我司为前述'贷你圆梦'项目共同宣传外,与我司不存在任何投资关系。"同日,北京泰耀文化工作室(黄某某工作室)也发布声明称黄某某与东虹桥金融在线除"贷你圆梦"项目的宣传外,无任何投资或合伙关系。

2016年4月8日20时14分,袁某在"×××品牌观察"微博中发表了如下微博内容:"黄某某通过工作室回应所涉东虹桥金融在线兑付危机。除'贷你圆梦'项目外,黄某某与'东虹桥'或其关联公司无任何投资或合伙关系,不背兑付危机黑锅。"该微博后面设置了一条内容为"代言理财公司涉兑付危机?黄某某发声明"的链接,并在前述文字微博下方上传了《关于黄某某先生与东虹桥金融在线的相关声明》的图片。该条微博截至2016年4月11日13时已被转发27次,评论6次,点赞14次。

2016年4月10日,上海东虹桥互联网金融信息服务有限公司再次发布《声明》称:"今日,网络出现多家媒体与自媒体对于我司的不实报道,并以此事恶意捏造我司存在逾期兑付、非法集资等问题,此类不真实、不客观的报道,已给公司造成较大负面影响……现针对相关问题澄清如下:截至2016年4月8日,我司到期投资款项均已全部兑付,并最大限度保护投资者利益,现公司处于正常经营状态……"

2016年4月12日16时13分,袁某通过新浪微博的"私信"功能向加V认证的"黄某某工作室"发送私信表示:"尊敬的黄某某工作室,我是@×××品牌观察负责人,关于转发链接一事,想登门给您解释,盼回复。"但袁某未获回复。

袁某指出涉案微博并非其原创,而系对他人在网上发布内容的转发。转发时参照的主要内容有:2016年4月7日14时18分,用户"晨起的风"在"八卦来了"板块发表了《黄某某是不是药丸》一文;2016年4月7日14时41分,"信念娱乐"发布微博内容"由艺人♯黄某某♯代言兼合伙的投资公司东虹桥卷钱跑路了,一堆冲着黄某某投资的人的钱都被卷走,就来找黄某某要钱";2016年4月7日18时28分,用户"×××兰"(粉丝数为140人)在新浪微博中发表"♯东虹桥跑路♯"等内容。袁某表示其法律意识淡薄,没有对涉案微博内容事先

---

① 这则微博的主要内容为:"上海最牛×的,东虹桥跑路了!×××老板黄某某吃喝嫖赌,欠下了3.5个亿,带着他的baby跑了。我们没有办法,黄某某你×××,你不是人,我们辛辛苦苦给你投了大半年,你不还钱!你还我血汗钱,还我血汗钱!明星真的是为了钱什么事情都能做,完全不为老百姓着想,出了事情就沉默。"

进行核实,就对他人所发与涉案微博相同内容进行了转发。

黄某某提出以下诉讼请求:①袁某立即停止侵权(原告当庭申请撤回了该项诉讼请求);②微梦创科公司向我提供断开链接前的浏览量(原告当庭撤回了该项诉讼请求);③袁某在其微博置顶位置及全国公开发行报纸向我公开赔礼道歉;④袁某赔偿各类损失人民币650000元。①

二、案件焦点与法理评析

本案件的主要焦点在于:转载其他自媒体上的信息是否构成侵权?

如前所述,袁某辩称其因法律意识淡薄而未核实涉案微博言论的真实性,涉案微博并非其原创而系转载,其注意义务及责任承担应当相对较低。针对这一辩称,法院认为,即使是转载媒体,也不能免除对转载事实陈述言论的真实性及转载言论禁止侮辱他人人格的合法性的审查义务。如因转载其他媒体言论产生诉讼,应由转载媒体对转载言论的真实性承担举证责任。法院认定转载网络信息行为的过错及其程度,应当综合以下因素:①转载主体所承担的与其性质、影响范围相适应的注意义务;②所转载信息侵害他人人身权益的明显程度;③对所转载信息是否作出实质性修改,是否添加或者修改文章标题,导致其与内容严重不符以及误导公众的可能性。

针对以上三个方面的因素,法院结合本案件进行了分析。

首先,黄某某系我国知名青年演员,在社会上获得了良好的公众形象和名誉,其本人有权维护这一良好形象和名誉。袁某负责的"×××品牌观察"作为以"品牌研究自媒体微博"定位、拥有20多万粉丝及10多万微博订阅粉丝的蓝V认证网络用户,具有较大网络社区影响力,故袁某在再传播过程中亦应当承担与其身份性质及影响范围相适应的较大注意义务。

其次,袁某在涉案微博中传播的内容,既包括黄某某具有"吃喝嫖赌"不端行为及"欠巨款潜逃"恶劣行为的事实性陈述,也包括使用"×××老板"指称黄某某,并公然使用侮辱及谩骂用语,该内容本身具有显而易见的诽谤意义和侮辱意义,一旦公开传播足以使社会对黄某某做出道德品格及公众形象的负面评价,使黄某某的社会评价严重降低,故袁某应当更为谨慎地传播。然而,袁某通过其"×××品牌观察"微博,向该微博平台可及的传播范围,向不特定第三人公开传播有关黄某某的前述涉案内容,却并未向法院提交相应证据证明其传播消息的事实依据,而且袁某也表示并未对前述传播内容进行核实。可见,袁某传播了侵害他人人身权益的内容。

最后,虽然在袁某传播涉案微博内容之前,已经有其他网络社区、微博用户及其他网络用户在公开传播及评论相关内容,但是这些言论传播平台及自媒体相对比较分散且传播范围相对有限、影响力相对较小,而袁某将分别来自不同网络社区及微博自媒体的消息内容及评论截图,进行了微博文字与微博图片的重新拼接组合并在涉案微博平台上进行再传播,并

---

① 该案件的介绍与评析内容来自:北京市海淀区人民法院民事判决书(2016)京0108民初12019号。

产生了广泛的影响。由此可见,袁某不但没有对没有事实依据及公然侮辱他人的传播内容尽到较高注意义务,还进一步将原本分散的有关信息素材进行了集中传播,将原本传播范围及影响力相对较小的传播内容,通过其具有较大传播范围及影响力的涉案微博进行了大力传播。

综上,袁某的涉案微博言论传播行为具有明显的过错,构成通过诽谤、侮辱等方式侵害黄某某名誉权的侵权行为,其应当承担相应的侵权责任。

三、判决结果

2016年12月20日,法院判决如下:

(1) 被告袁某于本判决生效后十日内在其"×××品牌观察"新浪微博首页持续登载致歉声明十日,向原告黄某某赔礼道歉、消除影响、恢复名誉。

(2) 被告袁某于本判决生效后十日内向原告黄某某赔偿合理维权支出损失31524元、精神损害抚慰金30000元。

(3) 驳回原告黄某某的其他诉讼请求。

四、审理时主要参阅的法条

①《中华人民共和国民法通则》[①]。

第一百零一条 公民、法人享有名誉权,公民的人格尊严受法律保护,禁止用侮辱、诽谤等方式损害公民、法人的名誉。

第一百二十条 公民的姓名权、肖像权、名誉权、荣誉权受到侵害的,有权要求停止侵害,恢复名誉,消除影响,赔礼道歉,并可以要求赔偿损失。

法人的名称权、名誉权、荣誉权受到侵害的,适用前款规定。

第一百三十四条 承担民事责任的方式主要有:

(一) 停止侵害;

(二) 排除妨碍;

(三) 消除危险;

(四) 返还财产;

(五) 恢复原状;

(六) 修理、重作、更换;

[①] 《民法通则》于2021年1月1日废止,《民法典》于2021年1月1日施行。其中《民法通则》第一百零一条对应《民法典》第一百一十条,其第一百一十条修改如下:"自然人享有生命权、身体权、健康权、姓名权、肖像权、名誉权、荣誉权、隐私权、婚姻自主权等权利。法人、非法人组织享有名称权、名誉权和荣誉权。"第一百二十条对应《民法典》第九百九十五条,其第九百九十五条修改如下:"人格权受到侵害的,受害人有权依照本法和其他法律的规定请求行为人承担民事责任。受害人的停止侵害、排除妨碍、消除危险、消除影响、恢复名誉、赔礼道歉请求权,不适用诉讼时效的规定。"

（七）赔偿损失；

（八）支付违约金；

（九）消除影响、恢复名誉；

（十）赔礼道歉。

②《中华人民共和国侵权责任法》^①。

第二条 侵害民事权益，应当依照本法承担侵权责任。本法所称民事权益，包括生命权、健康权、姓名权、名誉权、荣誉权、肖像权、隐私权、婚姻自主权、监护权、所有权、用益物权、担保物权、著作权、专利权、商标专用权、发现权、股权、继承权等人身、财产权益。

第六条 行为人因过错侵害他人民事权益，应当承担侵权责任。根据法律规定推定行为人有过错，行为人不能证明自己没有过错的，应当承担侵权责任。

第十五条 承担侵权责任的方式主要有：

（一）停止侵害；

（二）排除妨碍；

（三）消除危险；

（四）返还财产；

（五）恢复原状；

（六）赔偿损失；

（七）赔礼道歉；

（八）消除影响、恢复名誉。

以上承担侵权责任的方式，可以单独适用，也可以合并适用。

第二十二条 侵害他人人身权益，造成他人严重精神损害的，被侵权人可以请求精神损害赔偿。

③《最高人民法院关于审理利用信息网络侵害人身权益民事纠纷案件适用法律若干问题的规定》[2]。

第十条 人民法院认定网络用户或者网络服务提供者转载网络信息行为的过错及其程度，应当综合以下因素：

---

① 《侵权责任法》于2021年1月1日废止，《民法典》于2021年1月1日施行。其中《侵权责任法》第二条对应《民法典》第一千一百六十六条，其第一千一百六十六条修改如下："行为人造成他人民事权益损害，不论行为人有无过错，法律规定应当承担侵权责任的，依照其规定。"第六条对应《民法典》第一千一百六十五条，其第一千一百六十五条修改如下："行为人因过错侵害他人民事权益造成损害的，应当承担侵权责任。依照法律规定推定行为人有过错，其不能证明自己没有过错的，应当承担侵权责任。"第十五条对应《民法典》第一百七十九条，其第一百七十九条修改如下："承担民事责任的方式主要有：（一）停止侵害；（二）排除妨碍；（三）消除危险；（四）返还财产；（五）恢复原状；（六）修理、重作、更换；（七）继续履行；（八）赔偿损失；（九）支付违约金；（十）消除影响、恢复名誉；（十一）赔礼道歉。法律规定惩罚性赔偿的，依照其规定。本条规定的承担民事责任的方式，可以单独适用，也可以合并适用。"第二十二条对应《民法典》第一千一百八十三条，其第一千一百八十三条修改如下："侵害自然人人身权益造成严重精神损害的，被侵权人有权请求精神损害赔偿。因故意或者重大过失侵害自然人具有人身意义的特定物造成严重精神损害的，被侵权人有权请求精神损害赔偿。"

② 《最高人民法院关于审理利用信息网络侵害人身权益民事纠纷案件适用法律若干问题的规定（2014年版）》于2020年12月23日修正，《最高人民法院关于审理利用信息网络侵害人身权益民事纠纷案件适用法律若干问题的规定（2020年版）》于2021年1月1日起施行。其中《最高人民法院关于审理利用信息网络侵害人身权益民事纠纷案件适用法律若干问题的规定（2014年版）》第十条对应《最高人民法院关于审理利用信息网络侵害人身权益民事纠纷案件适用法律若干问题的规定（2020年版）》第七条，该法条在修正中并未有相应修改。

（一）转载主体所承担的与其性质、影响范围相适应的注意义务；

（二）所转载信息侵害他人人身权益的明显程度；

（三）对所转载信息是否作出实质性修改，是否添加或者修改文章标题，导致其与内容严重不符以及误导公众的可能性。

案例1.3 网络空间散布个人信息构成名誉权、隐私权侵权——王某与海南天涯在线网络科技有限公司、北京凌云互动信息技术有限公司名誉权、隐私权纠纷案

一、案情简介

将社会生活中那些有违良好道德的行为或个人隐私通过网络公开，从而引发网友对该人的攻击、并影响该人的生活，这是否侵犯其名誉权与隐私权？下面这例案件可以带给我们答案，它作为中国"人肉搜索"第一案，曾引发了社会广泛的关注与讨论。

王某（男）与姜某是夫妻关系，双方于2006年2月22日登记结婚。姜某生前在网络上注册了名为"北飞的候鸟"的个人博客，并进行写作。2007年12月29日，姜某从自己居住的楼房跳楼自杀身亡。姜某死后，姜某的姐姐姜某红将姜某的博客打开，发现姜某在博客中以日记形式记载了自杀前两个月的心路历程，将王某与案外女性东某的合影照片贴在博客中，认为二人有不正当两性关系，自己的婚姻很失败。

2008年1月10日，姜某的博客日记被一名网民阅读后转发在海南天涯在线网络科技有限公司（下称天涯公司）的天涯社区论坛中，天涯社区上出现了《大家好，我是姜某的姐姐》一帖，该帖讲述了姜某死亡事件的发展经过。姜某的死亡原因、王某的婚外情等情节引发众多网民长时间、持续性的关注和评论。许多网民认为王某的婚外情行为促使姜某自杀；一些网民在进行评论的同时，在天涯虚拟社区等网站上发起对王某的人肉搜索，使王某的姓名、工作单位、家庭住址等详细个人信息逐渐被披露；更有部分网民在大旗网等网站上对王某进行谩骂、人身攻击，还有部分网民到王某家庭住址处进行骚扰，在门口刷写、张贴"逼死贤妻""血债血偿"等标语。

大旗网是由北京凌云互动信息技术有限公司（简称凌云公司）注册管理的经营性网站。在姜某死亡事件引起广泛关注后，大旗网于2008年1月14日制作了标题为"从24楼跳下自杀的MM最后的BLOG日记"的专题网页。网页中的内容包括对姜某自杀事件发生经过的介绍；相关帖子的链接；网民自发到姜某自杀的小区悼念的现场情况；对网民进行现场采访的内容；对姜某红、姜某的同学张某奕、姜家的律师进行电话采访的内容和网友留言、心理专家分析等专栏。大旗网在专题网页中使用了王某、姜某、东某的真实姓名，并将姜某的照

片、王某与东某的合影照片、网民自发在姜某自杀身亡地点悼念的照片、网民到王家门口进行骚扰及刷写标语的照片等粘贴在网页上。大旗网在王某与东某的合影照片下方还注明为王某公司组织去罗马玩与第三者合影。

2008年3月28日,失去工作、不堪网络及网民骚扰的王某向北京市朝阳区人民法院提起诉讼,请求判令天涯公司、凌云公司立即停止侵害、删除网上有关侵权信息,并在网站为原告恢复名誉、消除影响、赔礼道歉,赔偿精神损害抚慰金、赔偿工资损失、承担公证费用等。①

二、案件焦点与法理评析

本案件的主要焦点在于:其一,受害者道德上的瑕疵能否成为侵犯其隐私权的抗辩理由?其二,天涯公司是否需要对网民在天涯论坛上公开王某隐私、发表侮辱王某名誉的侵权行为负责?其三,凌云公司的行为是否侵犯了王某的名誉权、隐私权?

从法院对该案件的审理中,可以看到以上三个问题的答案。

其一,根据王某的当庭自认及王某与姜某父母的协议内容,可以证实王某与案外人东某确有不正当男女关系,王某的行为违背了我国的法律规定。根据姜某的日记显示,姜某因此遭受了巨大伤害,承受了巨大精神痛苦。王某的这一行为不仅违背了婚姻法的法律规定,也背离了社会道德标准。王某虽然违反了社会道德标准,但是法律没有剥夺其隐私权和名誉权,所以凌云公司不能因其道德品质低下而无视和侵犯王某的合法权利,所以法院认为披露王某的姓名、工作单位名称、家庭住址等信息侵犯了王某的隐私权。

其二,天涯公司不承担侵权责任。互联网信息服务提供者应当向上网用户提供良好的服务,并保证所提供的信息内容合法。任何人不得在电子公告服务系统中发布含有侮辱或者诽谤他人、侵害他人合法权益的信息。天涯公司并不是互联网信息内容提供者,而是电子公告服务提供者。电子公告服务提供者发现其电子公告服务系统中出现明显属于上述信息内容的,应当立即删除,保存有关记录,并向国家有关机关报告。天涯公司作为天涯网的管理者,应当对该网站中发布的文章、帖子履行监管义务。

天涯网的论坛上每天都会有大量网民留下海量信息。天涯公司作为天涯网的管理者,依照相关法律法规和规定,制定上网规则,对上网文字设置了相应的监控和审查过滤措施,达到了相应要求;由于中国文字的丰富性、多样性以及网络语言的不断更新变化,网站事实上不可能将所有不雅言辞均纳入监控范围;根据目前现有的、通常的网站管理方式和技术手段,网站的管理者也不可能对所有网友的全部留言进行事前逐一审查。因此,网站管理者的监管义务应以确知网上言论违法或侵害他人合法权益为前提,在确知的情况下如果放任违法或侵权信息的存在和散播,则构成侵权;而及时履行了删除义务的,不构成侵权。

天涯网于2008年3月15日(王某起诉前)将《大家好,我是姜某的姐姐》及相关回复帖子删除。这已经履行了监管义务。根据当时的《互联网电子公告管理规定》《互联网信息服务管理办法》及《信息网络传播保护条例》的规定,网站发现有侵权内容存在后及时删除的,

---

① 该案件的介绍与评析内容来自:北京市朝阳区人民法院(2008)朝民初字第29276号。北京市朝阳区人民法院民事判决书(2008)朝民初字第29277号。

这种事后删除行为符合相关规定,不构成侵权。

其三,与天涯公司不同,大旗网是互联网信息内容的提供者。大旗网在网站上设置专题网页,进行调查和走访,披露当事人的真实身份,将网页与其他网站相链接,扩大了事件在互联网上的传播范围,使不特定的社会公众得以知晓,这一行为显然侵犯了王某的隐私权。隐私权一般指自然人享有的对自己的个人秘密和个人私生活进行支配并排除他人干涉的一种人格权。通过披露、宣扬等方式,侵入他人隐私领域、侵害私人活动或者侵害私人信息的行为,就是侵害隐私权的行为。公民个人感情生活问题,包括男女关系问题,均属于其个人隐私范畴的一部分。在正常的社会生活中,类似这些问题一般仅为范围较小的相对特定人所知晓,当事人一般正常情况下不愿、也不会让这些问题在不特定的社会公众间广为散播。

王某的婚姻不忠行为、姓名、工作单位等信息被披露后,成为公众知晓其真实身份的依据,引发了众多网民的批评性言论和不满情绪的蔓延和爆发。网民们利用被披露的信息,开始在其他网站上使用"人肉搜索"的网络搜索方式,主动搜寻更多的关于王某的个人信息,甚至出现了众多网民到王某家上门骚扰的严重后果,使王某正常工作和生活秩序受到严重影响。因此,在王某婚姻不忠行为被披露的背景下,披露王某的姓名、工作单位名称、家庭住址等信息亦侵犯了王某的隐私权。

名誉是指社会对特定民事主体品德、才能以及其他素质客观、综合的评价。名誉权是指民事主体就自身属性和价值所获得的社会评价和自我评价享有的人格权。大旗网披露王某的上述隐私内容后,引发了大量网民在众多互联网网站上持续发布大量信息,对王某的行为进行批评和谴责。当网民从发表谴责性言论逐渐发展到对王某进行密集的、长时间的、指名道姓的谩骂,甚至发生了上门张贴、刷写侮辱性标语等行为时,则可以认定对王某的影响已经从互联网上发展到了现实生活中,严重影响了王某的正常生活、使王某社会评价降低。凌云公司在大旗网披露王某隐私的行为致使王某的名誉权亦受到侵害。

三、判决结果

2008年12月18日,法院判决如下:

(1)驳回原告王某对天涯公司的全部诉讼请求。

(2)被告北京凌云互动信息技术有限公司于本判决生效后七日内停止对原告王某的侵害行为,删除大旗网(www.daqi.com)中《从24楼跳下自杀的MM最后的BLOG日记》专题网页。

(3)被告北京凌云互动信息技术有限公司于本判决生效后七日内在大旗网(www.daqi.com)首页对原告王某刊登道歉函,刊登时间不得少于十天,道歉函内容由法院核定;否则,法院将本案判决书主要内容刊登于其他媒体上,费用由被告北京凌云互动信息技术有限公司承担。

(4)被告北京凌云互动信息技术有限公司于本判决生效后三日内赔偿原告王某精神抚慰金三千元。

(5)被告北京凌云互动信息技术有限公司于本判决生效后三日内赔偿原告王某公证费

用六百八十三元。

四、审理时主要参阅的法条

①《中华人民共和国民法通则》①。

第一百零一条 公民、法人享有名誉权,公民的人格尊严受法律保护,禁止用侮辱、诽谤等方式损害公民、法人的名誉。

第一百三十四条 承担民事责任的方式主要有:

(一)停止侵害;

(二)排除妨碍;

(三)消除危险;

(四)返还财产;

(五)恢复原状;

(六)修理、重作、更换;

(七)赔偿损失;

(八)支付违约金;

(九)消除影响、恢复名誉;

(十)赔礼道歉。

以上承担民事责任的方式,可以单独适用,也可以合并适用。

人民法院审理民事案件,除适用上述规定外,还可以予以训诫、责令具结悔过,收缴进行非法活动的财物和非法所得,并可以依照法律规定处以罚款、拘留。

②《最高人民法院关于确定民事侵权精神损害赔偿责任若干问题的解释》②。

第一条 自然人因下列人格权利遭受非法侵害,向人民法院起诉请求赔偿精神损害的,人民法院应当依法予以受理:

(一)生命权、健康权、身体权;

(二)姓名权、肖像权、名誉权、荣誉权;

(三)人格尊严权、人身自由权。

---

① 《民法通则》于2021年1月1日废止,《民法典》于2021年1月1日施行。其中《民法通则》第一百零一条对应《民法典》第一百一十条,其第一百一十条修改如下:"自然人享有生命权、身体权、健康权、姓名权、肖像权、名誉权、荣誉权、隐私权、婚姻自主权等权利。法人、非法人组织享有名称权、名誉权和荣誉权。"第一百三十四条对应《民法典》第一百七十九条,其一百七十九条修改如下:其一百七十九条修改如下:"承担民事责任的方式主要有:(一)停止侵害;(二)排除妨碍;(三)消除危险;(四)返还财产;(五)恢复原状;(六)修理、重作、更换;(七)继续履行;(八)赔偿损失;(九)支付违约金;(十)消除影响、恢复名誉;(十一)赔礼道歉。法律规定惩罚性赔偿的,依照其规定。本条规定的承担民事责任的方式,可以单独适用,也可以合并适用。"

② 《最高人民法院关于确定民事侵权精神损害赔偿责任若干问题的解释(2001年版)》于2020年12月23日修正,《最高人民法院关于确定民事侵权精神损害赔偿责任若干问题的解释(2020年版)》于2021年1月1日施行。其中《最高人民法院关于确定民事侵权精神损害赔偿责任若干问题的解释(2001年版)》第一条对应《民法典》第一千一百八十三条,其第一千一百八十三条修改如下:"侵害自然人人身权益造成严重精神损害的,被侵权人有权请求精神损害赔偿。因故意或者重大过失侵害自然人具有人身意义的特定物造成严重精神损害的,被侵权人有权请求精神损害赔偿。"

案例1.4 微博上发布含有侮辱诽谤的攻击言论构成侵权——方某某与崔某某名誉权纠纷案

一、案情简介

个人在微博上发言时,往往是随意的。当意见不一致时,也会有微博用户与他人在微博上争论甚至会攻击他人,微博用户是否需要对自己的言语负责呢?方某某与崔某某名誉权纠纷案对此问题进行了详细解释。

方某某(笔名方舟子)是自由职业者、科普作家,是腾讯微博账户"方舟子"、搜狐微博账户"方舟子"的注册人和实际使用人。崔某某原系中央电视台节目主持人,后为中国传媒大学高级编辑,是腾讯微博账户"崔某某-实话实说"的注册人和实际使用人。

2013年9月8日,腾讯新闻官方微博以"方舟子:应创造条件让国人天天吃转基因食品"为题转发了《京华时报》的报道,文中提到"方舟子表示,品尝转基因玉米虽无科学研究价值,但有科普价值,应创造条件让国人可以天天吃转基因食品"。当天,崔某某在其腾讯微博上发布微博称:"#转基因食品,你吃吗#你可以选择吃,我可以选择不吃。你可以说你懂'科学',我有理由有权利质疑你懂的'科学'到底科学不科学。你可以说我白痴,我也可以说你白吃。"随后,方某某在其腾讯微博上发布微博称:"你当然可以选择不吃,但是不要传谣阻碍中国农业技术发展。我科普的是国际权威科学机构认可的科学,你根本不懂,有何资格质疑?"此后,双方因转基因食品安全性展开的论战升级,各自连续发表针对对方的若干微博言论。

2013年12月,崔某某离职央视,并透漏方舟子向央视"告状",方某某予以否认,称崔某某造谣。

2013年12月,崔某某与方某某辩论升级为骂战,崔某某指称方某某是"方肘子""肘子""流氓肘子""恶心骗子""天下无赖第一下作""斗鸡眼""网络畸骗""甘愿做骗子""炮制的众多谎言""最大的假""骗子和流氓""坑蒙拐骗都干过,可它是三无人员脸皮又奇厚""当选人渣""以肘子为头目的网络流氓暴力集团"等;方某某使用部分贬义词汇指称崔某某,如"一脑门浆糊""无知透顶还自以为比农业专家更懂农业""疯狗""伪君子""主持人僵尸""狗腿子""第一满地打滚手""骗子"等。

之后方与崔之间的骂战再次升级,双方相互举报。2014年1月,崔某某转发他人质疑方某某在美国拥有房产的微博,称"我不认为这些钱都是肘子科普骗来的,肯定还有其他的骗你法"。2014年3月,方某某实名举报崔某某基金违规千万支出未公布明细。

随后,双方提出诉讼。方某某请求法院判令被告:①删除其在"腾讯微博"网站微博账户"崔某某-实话实说"发表的24条侵权微博信息,以停止侵害;②在《新华每日电讯》和《人民日报》报纸广告版及"腾讯微博"网站首页刊登道歉信,公开向原告赔礼道歉,以消除影响、恢复原告名誉;③赔偿原告精神损害抚慰金、赔偿原告律师代理费、赔偿原告公证费。崔某某另提起反诉,请求判令方某某:①删除涉案 130 条侮辱、诽谤的微博信息,以停止侵害;②在《新华每日电讯》与《人民日报》头版及"腾讯微博""搜狐微博"网站首页、方某某微博置顶位置刊登道歉信,以赔礼道歉、消除影响、恢复名誉;③赔偿精神损害抚慰金和经济损失。①

二、案件焦点与法理评析

本案件的主要焦点在于:其一,社交媒体上的学术观点争论与质疑是否构成侵权言论?其二,微博上言论的多样性给审理提出了怎样的挑战,应当如何认定哪些言论构成侵权言论?

对于这些争议点,一审和二审法院进行了解释。

其一,对涉及科学、食品安全等公共议题的讨论,目的是求得真理、达成共识,因此需讲求一定的议事规则。通过科学论证、讲事实、摆道理、"对事不对人"等方法,来说服对方和大众,让思想和意见经历争鸣、质疑、说服、达成共识等竞争考验,最终决定真理在谁的手中,而不应强迫对方必须接受自己的观点,更不应把对公共议题的讨论转化为"比人品""比下限"的竞赛,使"对事"的讨论沦为"对人"的攻击。如果只是针对学术观点、研究内容、论证过程等进行有理有据的争论,并不构成侵权。如果在探讨学术问题时,以人身攻击取代理性探讨,那无助于问题的解决。在进行学术争论时,需要当事人能够对其语言、行为方式进行反思,秉承客观、理性、宽容、负责的议事原则,科学论证、节制表达、"对事不对人",而非任由情绪宣泄、图一时痛快伤人害己。

其二,法院判决认为,双方的争议虽由"转基因"这一公共议题引发,但这并不意味着由公共议题引发的恶意人身攻击也可以受到"言论自由"的保护,公共议题并非人身攻击侵权的"挡箭牌"。对公共议题的自由讨论因具有重要价值而受到法律的保护,但因公共议题而引发的人身攻击不受法律保护。法院区分了"不构成侵权的微博言论"和"构成侵权的微博言论"。

不构成侵权的微博言论:对转基因食品安全之类的问题,一直在科学研究、产业政策等方面有争议,并因关涉公共健康安全问题而引发公众广泛的讨论。双方当事人在该问题上存在意见分歧,并各自提出对对方观点的质疑,属于学术自由以及对涉及公共利益的议题的讨论范畴。有关科学、学术、产业政策上真理的求得,要在科学研究领域通过科学、真实、严密的实验、分析和论证来解决,而不能依靠大众舆论或司法裁决来替代科学研究给出答案。但鉴于双方讨论的话题并非单纯的科学问题,还涉及公众知情选择权、食品健康安全等社会公共利益,为避免压制对有关公共议题的讨论,并在争论中求得真理、达成共识,法院认为人人可以就此发表自己的观点,一方可以不同意对方的意见,但即使一方观点并不完全符合科学真理,也不能剥夺其就此发表意见的权利。因此,对双方微博中指责对方在转基因等科学

---

① 该案件的介绍与评析内容来自:北京市海淀区人民法院民事判决书(2014)海民初字第 07504 号;北京市第一中级人民法院民事判决书(2015)一中民终字第 07485 号。

问题上"传谣""造谣"之类的言论,虽然个别用语令人不快,但仍属于法律上要求当事人应保持适当宽容度的言论,不构成侵权。

构成侵权的微博言论:微博言论具有简短、随意、情绪宣泄色彩浓的特点,但微博用户在发表涉及他人名誉的事实陈述或意见表达时,也应有一定的事实依据,不能有任意夸大、歪曲事实或借机贬损、侮辱他人人格的恶意。崔某某、方某某均为公众人物,本应注意在微博这样的公开场合发言的礼貌、节制,避免因使用粗鄙的言语而污染网络环境,但其微博中却均有一定数量的言论偏离争论的主题而转向人格攻击,恶意贬低对方人格尊严,这部分言论已超出了公众人物容忍义务的范围,应认定为侵权。如崔某某称方某某是"肘子""拽着它溜达""流氓肘子"等,侮辱、贬低了方某某的人格尊严,构成侵权。方某某在多条微博中称崔某某为"疯狗""主持人僵尸""张嘴就造谣、说谎的家教"等,也明显超出了言论的合理限度和公众人物容忍义务的范围,贬低、侮辱了崔某某的人格尊严,构成侵权。

法院整体分析崔某某、方某某各自发表的系列微博的内容,综合考虑二人陆续发出针对对方的几十条、上百条微博的前后背景,某些具体言论的用语、语气,某些事实陈述与实际情况的较大差异等因素,法院认定双方的微博论战经历了从正常讨论公共议题向恶意人身攻击的性质转变,均有借机诽谤、侮辱对方的主观恶意。因此,不能以部分微博尚属于合理质疑、批评和意见表达的范畴,而否定二人主观上均产生了侮辱、贬损对方名誉的恶意。

法院在审理时,考虑相关微博发布的背景和具体内容、微博言论相对随意和率性的特点、言论的事实陈述与意见表达的区分、当事人主观上是否有侵权恶意、公众人物人格权保护的适当克减和发言时较高的注意义务标准、言论给当事人造成损害的程度等因素,确定微博领域中行为人正当行使言论自由与侵犯他人名誉权之间的界限。

三、判决结果

2015年6月25日,一审宣判法院判定方某某、崔某某均构成名誉侵权,判定如下:

(1) 本判决生效之日起十日内,崔某某删除侵权微博。

(2) 本判决生效之日起十日内,方某某删除侵权微博。

(3) 本判决生效之日起六十日内,崔某某在《新华每日电讯》、腾讯微博网站首页发布声明,向原告(反诉被告)方某某赔礼道歉。

(4) 本判决生效之日起六十日内,原告(反诉被告)方某某在《新华每日电讯》、腾讯微博网站首页发布声明,向被告(反诉原告)崔某某赔礼道歉。

(5) 本判决生效之日起十日内,被告(反诉原告)崔某某赔偿原告(反诉被告)方某某精神损害抚慰金三万元及诉讼合理支出一万五千元。

(6) 本判决生效之日起十日内,原告(反诉被告)方某某赔偿被告(反诉原告)崔某某精神损害抚慰金二万五千元及诉讼合理支出二万元。

宣判后,双方当事人均不服一审判决,向北京市第一中级人民法院提起上诉。该院于2015年12月25日作出判决:驳回上诉,维持原判。

四、审理时主要参阅的法条

①《中华人民共和国侵权责任法》①。

第二十二条　侵害他人人身权益，造成他人严重精神损害的，被侵权人可以请求精神损害赔偿。

第三十六条　网络用户、网络服务提供者利用网络侵害他人民事权益的，应当承担侵权责任。

网络用户利用网络服务实施侵权行为的，被侵权人有权通知网络服务提供者采取删除、屏蔽、断开链接等必要措施。网络服务提供者接到通知后未及时采取必要措施的，对损害的扩大部分与该网络用户承担连带责任。

网络服务提供者知道网络用户利用其网络服务侵害他人民事权益，未采取必要措施的，与该网络用户承担连带责任。

②《最高人民法院关于审理利用信息网络侵害人身权益民事纠纷案件适用法律若干问题的规定》②。

第十条　人民法院认定网络用户或者网络服务提供者转载网络信息行为的过错及其程度，应当综合以下因素：

（一）转载主体所承担的与其性质、影响范围相适应的注意义务；

（二）所转载信息侵害他人人身权益的明显程度；

（三）对所转载信息是否作出实质性修改，是否添加或者修改文章标题，导致其与内容严重不符以及误导公众的可能性。

---

① 《侵权责任法》于2021年1月1日废止，《民法典》于2021年1月1日施行。其中《侵权责任法》第二十二条对应《民法典》第一千一百八十三条，其第一千一百八十三条修改如下："侵害自然人人身权益造成严重精神损害的，被侵权人有权请求精神损害赔偿。因故意或者重大过失侵害自然人具有人身意义的特定物造成严重精神损害的，被侵权人有权请求精神损害赔偿。"第三十六条对应《民法典》第一千一百九十四条、第一千一百九十五条、第一千一百九十七条，其三条法条修改如下："第一千一百九十四条：'网络用户、网络服务提供者利用网络侵害他人民事权益的，应当承担侵权责任。法律另有规定的，依照其规定。'第一千一百九十五条：'网络用户利用网络服务实施侵权行为的，权利人有权通知网络服务提供者采取删除、屏蔽、断开链接等必要措施。通知应当包括构成侵权的初步证据及权利人的真实身份信息。网络服务提供者接到通知后，应当及时将该通知转送相关网络用户，并根据构成侵权的初步证据和服务类型采取必要措施；未及时采取必要措施的，对损害的扩大部分与该网络用户承担连带责任。权利人因错误通知造成网络用户或者网络服务提供者损害的，应当承担侵权责任。法律另有规定的，依照其规定。'第一千一百九十七条：'网络服务提供者知道或者应当知道网络用户利用其网络服务侵害他人民事权益，未采取必要措施的，与该网络用户承担连带责任。'"

② 《最高人民法院关于审理利用信息网络侵害人身权益民事纠纷案件适用法律若干问题的规定（2014年版）》于2020年12月23日修正，《最高人民法院关于审理利用信息网络侵害人身权益民事纠纷案件适用法律若干问题的规定（2020年版）》于2021年1月1日起施行。其中《最高人民法院关于审理利用信息网络侵害人身权益民事纠纷案件适用法律若干问题的规定（2014年版）》第十条对应《最高人民法院关于审理利用信息网络侵害人身权益民事纠纷案件适用法律若干问题的规定（2020年版）》第七条，该法条在修正中并未有相应修改。

案例 1.5　自媒体发表侮辱烈士视频构成名誉权侵权——叶挺后人诉"暴走漫画"案

一、案情简介

个人或自媒体运营者是否可以利用网络发布侮辱诽谤英雄烈士的言论？答案是否定的。2018年4月27日，中华人民共和国第十三届全国人民代表大会常务委员会第二次会议通过《中华人民共和国英雄烈士保护法》，该法自2018年5月1日起施行。其中第二十二条明确规定："禁止歪曲、丑化、亵渎、否定英雄烈士事迹和精神。"下面的案例是关于自媒体发表侮辱烈士视频构成名誉权侵权的。

2018年5月8日，被告西安摩摩公司（简称摩摩公司）通过其自媒体账号"暴走漫画"，在"今日头条"上发布了时长1分9秒的短视频。短视频中的主持人头戴玩偶帽，辅以肢体动作、语调语气变化并在背景声中的阵阵笑声下，发表言词内容。短视频中的言词内容以"无孔不入的广告商，已攻占了各科的教材""如果啊以后在课本里面出现了一些奇怪的句子，我们是一点也不会感到惊讶的哦"为开始，在发表了其他言词内容后，发表了"为人进出的门紧锁着！为狗爬出的洞敞开着！一个声音高叫着！爬出来吧！无痛人流！"的言词内容。这部分言词改编自《囚歌》。20世纪40年代，叶挺在被国民党羁押期间创作了《囚歌》，以表明其坚贞不屈，为理想信念奋斗的志气。涉案1分9秒视频后在互联网上被广泛传播，引起了公众关注和网络热议。

文化行政管理部门监测到有关"暴走漫画"的网络舆情后亦启动了立案查处程序。"今日头条"于2018年5月16日做出了对相关视频进行下架处理以及封禁涉事账号"暴走漫画"的处理措施。随后，"优酷""爱奇艺""腾讯视频"等视频网站做出下架"暴走漫画"或者"暴走大事件"相关内容及封禁等处理措施。

2018年5月17日下午，"暴走大事件"主持人、主编"账号@王尼玛"针对侮辱烈士事件发布微博称："我们以审查不力导致未能及时删除在2015年网友发布的提及英烈名字的图片，表示深刻的歉意。"西安摩摩公司通过微博等形式发布了澄清涉案视频以及对该视频中错误行为予以道歉的内容，并于当月公开发布了《致叶挺将军家人的一封信》。西安摩摩公司在前述公开信中称，其制作的视频内容中因错误引用先烈作品，被媒体报道后引发争议，给社会和叶挺家属造成了影响和伤害，已组织人员学习叶挺英烈事迹，进行诚恳道歉。

该视频在《中华人民共和国英雄烈士保护法》刚刚颁布施行之际公开发布，在国内外造成恶劣的影响,损害了叶挺先烈的荣誉,给叶挺家人的精神造成了极大痛苦。

七位叶挺家属向法院提出诉讼请求:①判令被告摩摩公司停止侵犯叶挺同志英雄事迹和精神的行为;②判令被告摩摩公司在国家级媒体上公开对原告进行书面赔礼道歉;③判令被告西安摩摩公司赔偿原告精神抚慰金共100万元;④判令被告西安摩摩公司承担本案诉讼费用。①

二、案件焦点与法理评析

本案件的主要焦点在于:其一,篡改《囚歌》内容并在网络平台上传涉案视频的行为是否构成对叶挺名誉侵害;其二,制作及上传侵犯烈士名誉权的视频是否损害社会公共利益。

法院对此进行了解释。

其一,摩摩公司篡改《囚歌》内容并在网络平台上传涉案视频的行为构成对叶挺名誉侵害。判断是否构成侵害名誉应当根据受害人确有名誉被损害的事实、行为人行为违法、违法行为与损害后果之间有因果关系、行为人主观上有过错来认定。《中华人民共和国民法总则》第一百八十五条规定:侵害英雄烈士等的姓名、肖像、名誉、荣誉,损害社会公共利益的,应当承担民事责任。《中华人民共和国英雄烈士保护法》第二十二条第一款、第二款规定:禁止歪曲、丑化、亵渎、否定英雄烈士事迹和精神。英雄烈士的姓名、肖像、名誉、荣誉受到法律保护。任何组织和个人不得在公共场所、互联网或者利用广播电视、电影、出版物等,以侮辱、诽谤或者其他方式侵犯英雄烈士的姓名、肖像、名誉、荣誉。任何组织和个人不得将英雄烈士的姓名、肖像用于或者变相用于商标、商业广告,损害英雄烈士的名誉、荣誉。

本案中,被告西安摩摩公司在其制作的视频中将叶挺烈士生前创作的《囚歌》"为人进出的门紧锁着,为狗爬出的洞敞开着,一个声音高叫着:爬出来吧,给你自由"篡改为"为人进出的门紧锁着!为狗爬出的洞敞开着!一个声音高叫着!爬出来吧!无痛人流!"。该视频于《中华人民共和国英雄烈士保护法》施行之际,即在网络平台上发布并传播,引发了众多新闻媒体的报道,引起社会公众的关注及网民的评论,造成了一定的社会影响。该视频内容亵渎了叶挺烈士的大无畏革命精神,损害了叶挺烈士的名誉,给叶挺烈士亲属造成精神痛苦,故被告西安摩摩公司行为具有违法性且其主观过错明显,据此认定被告西安摩摩公司行为已侵害了叶挺烈士的名誉,应当承担侵权责任。

其二,制作及上传侵犯烈士名誉权的视频具有主观过错且损害社会公共利益。通常情形下,侵害名誉或者名誉权案件中的过错,是指明知或应当预见到其行为造成他人社会评价降低的后果而仍然为之或认为仍可避免的主观状态。在侵害名誉或者名誉权的案件中,对行为人过错的认定往往依据通常人的认知并辅之以社会常识、行为人的职业或专业及控制危害的成本等客观因素加以判断。本案中,被告作为自媒体运营商,尤其是作为具有一定网

---

① 该案件的介绍与评析内容来自:陕西省西安市雁塔区人民法院(2018)陕0113民初8937号。

络创作能力和能够熟练使用互联网工具的信息科技公司,理应充分认识到《囚歌》所体现的精神价值,更应预见到案涉视频的制作及传播将会损害叶挺的名誉,也会对其近亲属造成感情和精神上的伤害。在此情形下,被告有能力控制视频可能产生的损害后果而未控制,仍以既有的状态发布并上传,其在主观上显然具有过错。

叶挺烈士在皖南事变后在狱中创作的《囚歌》充分体现了叶挺百折不挠的革命意志和坚定不移的政治信仰。该诗表现出的崇高革命气节和伟大爱国精神已经获得了全民族的广泛认同,是中华民族共同记忆的一部分,是中华民族宝贵的精神财富,也是社会主义核心价值观的体现,已经成为社会公共利益的一部分,同时也是叶挺享有崇高声誉的基础。在此意义上,案涉视频侵害的不仅仅是叶挺个人的名誉,实际上也侵害了社会公共利益。被告虽然辩称创作案涉视频的初衷是反讽社会中大量存在的广告植入中小学课本的不良现象,但其作为网络媒体运营商,更应尽到高度的注意义务,在网络创作时应心存敬畏、严守底线、尊重历史。

三、判决结果

2018年9月17日,法院判决如下:

(1) 被告摩摩公司于本判决生效之日起三日内在三家国家级媒体上公开发布赔礼道歉公告,向原告赔礼道歉,消除影响,该公告须连续刊登五日,公告刊登媒体及内容需经本院审核,逾期不执行,本院将在相关媒体上刊登本判决书的主要内容,所需费用由被告承担。

(2) 被告摩摩公司于本判决生效之日起三日内赔偿原告精神损害抚慰金共计100000元。

(3) 驳回原告的其他诉讼请求。

四、审理时主要参阅的法条

①《中华人民共和国民法总则》[①]。

第一百八十五条　侵害英雄烈士等的姓名、肖像、名誉、荣誉,损害社会公共利益的,应当承担民事责任。

②《中华人民共和国英雄烈士保护法》。

第二十二条　禁止歪曲、丑化、亵渎、否定英雄烈士事迹和精神。

英雄烈士的姓名、肖像、名誉、荣誉受法律保护。任何组织和个人不得在公共场所、互联

---

① 《中华人民共和国民法总则》(以下简称《民法总则》)于2021年1月1日废止,《民法典》于2021年1月1日施行。其中《民法总则》第一百八十五条对应《民法典》第一百八十五条,该法条在《民法典》中并未有相应修改。

网或者利用广播电视、电影、出版物等,以侮辱、诽谤或者其他方式侵害英雄烈士的姓名、肖像、名誉、荣誉。任何组织和个人不得将英雄烈士的姓名、肖像用于或者变相用于商标、商业广告,损害英雄烈士的名誉、荣誉。

公安、文化、新闻出版、广播电视、电影、网信、市场监督管理、负责英雄烈士保护工作的部门发现前款规定行为的,应当依法及时处理。

③《最高人民法院关于确定民事侵权精神损害赔偿责任若干问题的解释》[①]。

第三条 自然人死亡后,其近亲属因下列侵权行为遭受精神痛苦,向人民法院起诉请求赔偿精神损害的,人民法院应当依法予以受理:

(一)以侮辱、诽谤、贬损、丑化或者违反社会公共利益、社会公德的其他方式,侵害死者姓名、肖像、名誉、荣誉;

(二)非法披露、利用死者隐私,或者以违反社会公共利益、社会公德的其他方式侵害死者隐私;

(三)非法利用、损害遗体、遗骨,或者以违反社会公共利益、社会公德的其他方式侵害遗体、遗骨。

第八条第二款 因侵权致人精神损害,造成严重后果的,人民法院除判令侵权人承担停止侵害、恢复名誉、消除影响、赔礼道歉等民事责任外,可以根据受害人一方的请求判令其赔偿相应的精神损害抚慰金。

第十条 精神损害的赔偿数额根据以下因素确定:

(一)侵权人的过错程度,法律另有规定的除外;

(二)侵害的手段、场合、行为方式等具体情节;

(三)侵权行为所造成的后果;

(四)侵权人的获利情况;

(五)侵权人承担责任的经济能力;

(六)受诉法院所在地平均生活水平。

法律、行政法规对残疾赔偿金、死亡赔偿金等有明确规定的,适用法律、行政法规的规定。

---

① 《最高人民法院关于确定民事侵权精神损害赔偿责任若干问题的解释(2001年版)》于2020年12月23日修正,《最高人民法院关于确定民事侵权精神损害赔偿责任若干问题的解释(2020年版)》于2021年1月1日施行。其中《最高人民法院关于确定民事侵权精神损害赔偿责任若干问题的解释(2001年版)》第三条对应《最高人民法院关于确定民事侵权精神损害赔偿责任若干问题的解释(2020年版)》第三条,其第三条修改如下:"死者的姓名、肖像、名誉、荣誉、隐私、遗体、遗骨等受到侵害,其近亲属向人民法院提起诉讼请求精神损害赔偿的,人民法院应当依法予以支持。"第八条第二款对应《民法典》第一千一百八十三条:"侵害自然人人身权益造成严重精神损害的,被侵权人有权请求精神损害赔偿。因故意或者重大过失侵害自然人具有人身意义的特定物造成严重精神损害的,被侵权人有权请求精神损害赔偿。"第十条对应《最高人民法院关于确定民事侵权精神损害赔偿责任若干问题的解释(2020年版)》第五条,其第五条修改如下:"精神损害的赔偿数额根据以下因素确定:(一)侵权人的过错程度,但是法律另有规定的除外;(二)侵权行为的目的、方式、场合等具体情节;(三)侵权行为所造成的后果;(四)侵权人的获利情况;(五)侵权人承担责任的经济能力;(六)受理诉讼法院所在地的平均生活水平。"

案例1.6 在自媒体上发布他人身份证号等个人信息构成隐私权侵权——赵某与重庆扬啟企业营销策划有限公司隐私权纠纷

一、案情简介

在新冠疫情防控常态化的背景下,自媒体运营者是否可以把新冠密切接触者的个人信息,如身份证号、住址、电话在社交媒体平台上公开,以提醒公众注意防范病毒传播?回答是否定的。2021年8月20日第十三届全国人民代表大会常务委员会第三十次会议通过《中华人民共和国个人信息保护法》,其第十条规定"任何组织、个人不得非法收集、使用、加工、传输他人个人信息,不得非法买卖、提供或者公开他人个人信息。"赵某与重庆扬啟企业营销策划有限公司隐私权纠纷案发生在2020年,法院根据相关法律进行了判定。

微信公众号名为"扬啟策划推广"的微信公众号账号主体为重庆扬啟企业营销策划有限公司。2020年7月16日,"扬啟策划推广"微信公众号发布文章《重庆已购进口白虾顾客名单》,该文章首页简介含所有购买者(共计10000余名)地址、电话、姓名、购买门店、身份证号等信息。该文章正文包括事因截图、部分群众收到的短信、重庆已购进口白虾人员名单几个部分,其中"重庆已购进口白虾人员名单"部分载明:"这是供货平台及各部门收集整理,截至目前已购此类产品相关人员名单,excel格式,体积1.59M。本文末提供电子版下载。……名单信息包含下单时间、购买产品名称、重量、包装特征、购买门店、购买门店所在具体地址、电话、购买份数、购买者姓名及购买者身份证号等。希望以上购买人员第一时间按官方要求主动联系相关部门采取核酸检测及相关措施。"

该文章中还有关于"是否涉及隐私侵犯"的说明:"因同名同姓的缘由,公布身份证号的目的是让每条线索更具特指性,其目的在于,除希望涉及的群众主动配合官方外,也欢迎大众根据以上信息向官方提供相关线索。希望明白,目前是非常时期,没有什么东西比安全和生命更重要。"

通过该文章文末提供的下载链接可以下载一份名为"已购南美白虾名单(总和含各区明细)"的名单,该名单记载了购买日期、购买商家名、商家地址、买家住址(具体到小区、门牌号)、买家电话、购买数量、买家姓名、买家身份证号码等详细信息。原告赵某的姓名、住址、手机号码、身份证号码等详细信息记载在该名单中。根据原告提供的手机录屏显示,截至2020年7月21日11时50分,该文章阅读量为3106人。

2020年7月18日,重庆市卫生健康委员会发布通报:"7月14日,我市沙坪坝区检测发现西部物流园一冷冻仓库部分厄瓜多尔进口冻南美白虾外包装新冠病毒核酸呈阳性。按照市疫情防控工作领导小组统一部署,市卫生健康委配合有关部门紧急开展排查处置,迅速对涉事产品及人员进行了核酸检测,冻虾虾体及有关接触人员均未发现阳性。"

原告赵某向法院提出诉讼请求:①判令被告以登报形式向原告赔礼道歉,并在微信公众号"扬啟策划推广"发布书面道歉文章(不少于30天);②判令被告向原告支付精神损害赔偿1元;③本案诉讼费用由被告承担。①

二、案件焦点与法理评析

本案件的主要焦点在于:在抗击新冠疫情过程中,将与疫情相关的人员的个人信息公布是否侵犯了隐私权?

法院对此的解释如下:公民的隐私权依法受法律保护。《中华人民共和国民法总则》第一百一十条规定,自然人享有生命权、身体权、健康权、姓名权、肖像权、名誉权、荣誉权、隐私权、婚姻自主权等权利。第一百一十一条规定,自然人的个人信息受法律保护。任何组织和个人需要获取他人个人信息的,应当依法取得并确保信息安全,不得非法收集、使用、加工、传输他人个人信息,不得非法买卖、提供或者公开他人个人信息。

根据国家关于防控新冠疫情的相关规定,为疫情防控、疾病防治收集的个人信息,不得用于其他用途。任何单位和个人未经被收集者同意,不得公开姓名、年龄、身份证号码、电话号码、家庭住址等个人信息,因联防联控工作需要,且经过脱敏处理的除外。

本案虽处在新冠疫情这一特殊公共事件发生的非常时期,但被告未经相关权威机构授权及原告等名单当事人的同意,且明知侵犯相关当事人隐私的情况下,以"目前是非常时期,没有什么东西比安全和生命更重要""目的在于希望涉及的群众主动配合官方"为借口擅自将涉及原告姓名、家庭住址、身份证号码、手机号码等个人信息的涉案文章发布在公众号平台,侵害了原告的合法权益,应承担相应的侵权责任。

根据《中华人民共和国侵权责任法》第十五条规定,承担侵权责任的方式有:①停止侵害;②排除妨碍;③消除危险;④返还财产;⑤恢复原状;⑥赔偿损失;⑦赔礼道歉;⑧消除影响、恢复名誉。根据《最高人民法院关于审理利用信息网络侵害人身权益民事纠纷案件适用法律若干问题的规定》第十六条规定,人民法院判决侵权人承担赔礼道歉、消除影响或者恢复名誉等责任形式的,应当与侵权的具体方式和所造成的影响范围相当。

被告在其公众号发布的涉事文章不但被公众大量浏览转载,还提供下载,造成了广泛的二次传播,致原告隐私严重泄露,情节恶劣,故法院对原告要求被告在报纸和案涉微信公众号"扬啟策划推广"刊登发布书面道歉文章的诉讼请求予以支持。

关于原告要求被告支付精神损害赔偿金1元的请求。我国《中华人民共和国侵权责任法》第二十二条规定,侵害他人人身权益,造成他人严重精神损害的,被侵权人可以请求精神

---

① 该案件的介绍与评析内容来自:重庆市渝北区人民法院民事判决书(2020)渝0112民初24368号。

损害赔偿。本案中被告在公众平台发布《重庆已购进口白虾顾客名单》的行为不仅仅是单纯泄露原告个人信息，侵害原告隐私，在爆发出"部分进口冻虾外包装检测出新冠病毒"这一公众事件的背景下公开原告等人的购买记录，其行为不但会导致原告个人信息被泄露并被广泛传播，为其人身、财产安全带来巨大安全隐患，而且会在新冠疫情这一人人谈"新冠"色变的特殊时期造成社会公众恐慌，给原告的日常生活造成负面影响，严重影响原告的日常人际交往和正常生活，故法院对原告要求被告支付精神损害赔偿金1元的诉讼请求予以支持。

三、判决结果

2020年11月16日，法院判决如下：

（1）被告重庆扬啟企业营销策划有限公司在本判决生效后立即在被告注册管理的公众号"扬啟策划推广"首页刊登书面道歉信向原告赵某道歉。

（2）被告重庆扬啟企业营销策划有限公司在本判决生效后立即在权威报纸刊登书面道歉信向原告赵某道歉。

（3）被告重庆扬啟企业营销策划有限公司在本判决生效后立即支付原告赵某精神损害赔偿金1元。

（4）驳回原告赵某的其他诉讼请求。

四、审理时主要参阅的法条

①《中华人民共和国民法总则》①。

第一百一十条　自然人享有生命权、身体权、健康权、姓名权、肖像权、名誉权、荣誉权、隐私权、婚姻自主权等权利。

法人、非法人组织享有名称权、名誉权、荣誉权等权利。

第一百一十一条　自然人的个人信息受法律保护。任何组织和个人需要获取他人个人信息的，应当依法取得并确保信息安全，不得非法收集、使用、加工、传输他人个人信息，不得非法买卖、提供或者公开他人个人信息。

②《中华人民共和国侵权责任法》②。

第二条　侵害民事权益，应当依照本法承担侵权责任。

---

① 《民法总则》于2021年1月1日废止，《民法典》于2021年1月1日施行。其中《民法总则》第一百一十条对应《民法典》第一百一十条，第一百一十一条对应《民法典》第一百一十一条，上述法条在《民法典》中并未有相应修改。

② 《侵权责任法》于2021年1月1日废止，《民法典》于2021年1月1日施行。其中《侵权责任法》第二条对应《民法典》第一千一百六十六条，其第一千一百六十六条修改如下："行为人造成他人民事权益损害，不论行为人有无过错，法律规定应当承担侵权责任的，依照其规定。"第六条对应《民法典》第一千一百六十五条，其第一千一百六十五条修改如下："行为人因过错侵害他人民事权益造成损害的，应当承担侵权责任。依照法律规定推定行为人有过错，其不能证明自己没有过错的，应当承担侵权责任。"

本法所称民事权益,包括生命权、健康权、姓名权、名誉权、荣誉权、肖像权、隐私权、婚姻自主权、监护权、所有权、用益物权、担保物权、著作权、专利权、商标专用权、发现权、股权、继承权等人身、财产权益。

第六条 行为人因过错侵害他人民事权益,应当承担侵权责任。

根据法律规定推定行为人有过错,行为人不能证明自己没有过错的,应当承担侵权责任。

第二章 媒体与肖像权

肖像权是指自然人有权依法制作、使用、公开或者许可他人使用自己肖像的权利。《民法典》中规定,任何组织或者个人不得以丑化、污损,或者利用信息技术手段伪造等方式侵害他人的肖像权。未经肖像权人同意,不得制作、使用、公开肖像权人的肖像,但是法律另有规定的除外。未经肖像权人同意,肖像作品权利人不得以发表、复制、发行、出租、展览等方式使用或者公开肖像权人的肖像。

本章主要讨论了"对他人形象进行商业使用、使用名人肖像编辑出版书籍、将他人肖像放置在负面新闻报道"是否是侵犯肖像权的问题,分析了"使用表情包进行商业宣传是否侵犯肖像权、使用已故名人肖像是否侵犯了近亲属的民事权益、将负面报道与个人肖像相关联是否侵犯个人权益"等法理上的焦点争议,从而解释侵犯肖像权的构成要件,以及肖像权合理使用等问题。

案例 2.1 擅自商业使用他人表演形象构成肖像权侵权——葛优与艺龙网信息技术(北京)有限公司肖像权纠纷案及评析

一、案情简介

未经许可使用演员的表情包等用于商业宣传,是否侵犯了该人的肖像权?葛优与艺龙网信息技术(北京)有限公司肖像权纠纷案回答了这个问题。葛优为我国知名演员,其曾在电视剧《我爱我家》中扮演纪春生(二混子),角色特点为懒惰耍赖、骗吃骗喝。该角色在剧中将身体完全瘫在沙发上的放松形象被称为"葛优躺",成为2016年网络热词。"艺龙旅行网"微博号实名认证为"艺龙网信息技术(北京)有限公司",截止至2016年8月,该微博有粉丝232万人,发布近2万条微博。

2016年7月25日,艺龙网信息技术(北京)有限公司在其新浪微博号"艺龙旅行网"中发布了如下内容:"不经历周一的崩溃,怎知道周五的可贵。为了应对人艰不拆的周一,小艺爆出葛优躺独家教学,即学即躺,包教包会!"该微博转发4次,评论4次,点赞11次。微博中,共使用7幅原告图片共18次,文字内容包括直接使用文字和在图片上标注文字,其中第一张不是剧照,为原告个人身着西服给其他企业代言的照片,所配文字内容为:"如何用一招学葛优躺出人生新高度",随后描述了"葛优躺"图片中人物和环境设置的具体内容,并配有文字"啊咧订个酒店不就可以随心躺了吗,真够能扯的""躺大床/躺浴室/躺大厅/躺餐厅""只有你想不到,没有你躺不到""尽瞎哔哔,我订个酒店躺会儿去"。最后几张图配了大床、浴室等酒店背景,微博后附"订酒店用艺龙"的文字,并附二维码和艺龙网标识。通过介绍"葛优躺",代入与被告业务相关的酒店预订。

同年8月18日,艺龙网收到原告的通知后删除了上述微博。

2016年12月7日,艺龙网公司未经葛优审核同意,在其微博发布致歉信,内容为:"真诚向人民艺术家葛优先生致歉。葛优老师是喜剧界瑰宝,给当代人塑造了太多形象,让小编铭记于心。小编微博使用过葛优躺图片,给葛优老师造成困扰,在此诚挚的道歉。招来官司实非小编所愿,实属对葛优老师的个人崇拜犹如滔滔江水连绵不绝,一发不可收拾。小编以后一定严格控制自己的情绪,将对葛优老师的崇拜之情放在心里不再炫耀。21世纪什么最贵?服务。艺龙将继续给消费者带来最舒适的服务和享受,借用葛优老师的一句经典台词:帝王般的享受,就是把脚当脸伺候着。Fighting,fighting!"该致歉微博转发24次,评论197次,点赞58次,网友评论多认为该致歉态度不端正,还有"花40万做了个400万广告""关注频频上涨""小编被提拔,这事已经热搜了,广告打得好""建议再深刻一点"等。

葛优认为艺龙网擅自加工和使用原告的肖像图片,具有明显的商业属性,旨在宣传艺龙网公司的旅游项目及酒店预订,极易使众多浏览者及消费者误认为其系艺龙网的代言人,或与艺龙网存在某种合作关系,使原告蒙受外界诸多误解,侵犯了原告肖像权。同时,葛优认为,艺龙网的致歉信证明艺龙网公司承认侵权事实,但就此作出极不诚恳的名为致歉、实为再次利用葛优进行商业宣传的内容,艺龙网致歉没有诚意。

葛优向法院提出诉讼请求:请求判令被告在其新浪微博"艺龙旅行网"账号中置顶位置向原告公开赔礼道歉不少于30日,赔偿经济损失40万元,维权合理开支1万元。①

二、案件焦点与法理评析

本案件的主要焦点在于:其一,使用"葛优躺"的照片是否侵犯葛优的肖像权?其二,原告所诉的赔偿数额是否较高?其三,当事人在诉讼之外已经进行的赔礼道歉是否可以获得法院承认?

法院对以上三点进行了解释。

其一,被告在涉案微博中的使用行为侵犯了原告的肖像权。肖像是通过绘画、摄影、电影等艺术形式使自然人的外貌在物质载体上再现的视觉形象。肖像权,是指自然人对自己的肖像享有再现、使用或许可他人使用的权利。肖像的载体包括人物画像、生活照、剧照等。剧照涉及影视作品中表演者扮演的剧中人物,当一般社会公众将表演形象与表演者本人真实的相貌特征联系在一起时,表演形象亦为肖像的一部分,影视作品相关的著作权与肖像权并不冲突。

---

① 该案件的介绍与评析内容来自:北京市海淀区人民法院(2016)京0108民初39764号;北京市第一中级人民法院(2018)京01民终97号。

《我爱我家》中的"葛优躺"造型确已形成特有网络称谓,并具有一定的文化内涵,但一般社会公众看到该造型时除了联想到剧目和角色,也不可避免地与原告本人相联系,该表现形象亦构成原告的肖像内容,并非如被告所称完全无肖像性质。即便该造型已成为网络热点,商家亦不应对相关图片进行明显的商业性使用,否则仍构成对原告肖像权的侵犯。本案中被告在其官方微博中使用了多幅系列剧照,并逐步引导与其业务特征相联系,最终将"葛优躺"图片的背景变更为床、浴室等酒店背景,附艺龙网宣传文字和标识、二维码,虽然上述方式并不能使网友认为原告为被告进行了代言,但仍有一定商业使用的性质,且该微博还同时使用了一张原告的单人广告照片,故被告在涉案微博中的使用行为侵犯了原告的肖像权,应承担相应的法律责任。

其二,关于赔偿数额,原告所诉较高。法院考虑以下情节,对赔偿数额进行认定。①原告为著名演员,公众对其关注度较高。②被告的使用行为提高了网络用户对其微博的关注度。③被告微博的关注人数虽高,但从涉案微博的点赞、评论和转发数量看,涉案微博的阅读量一般,影响范围有限。④被告接到通知后立即进行了删除,并表达与原告协商解决纠纷的意愿。⑤对"葛优躺"剧照的使用,确实不同于直接使用原告个人照片,具有迎合网络热点、幽默夸张的特点,其使用行为与传统商业直接使用名人肖像进行宣传的行为存在区别,本案中的使用情况一般不会使网络用户误认原告为被告产品进行了代言。⑥因涉案图片大部分为剧照,本案判决仅涉及原告个人的肖像权,应为剧照权利人留有部分赔偿份额。所以,可以考虑葛优的知名度、侵权微博的公开程度、艺龙网公司使用照片情况、主观过错程度以及可能造成的影响等因素,酌情确定艺龙网公司赔偿葛优经济损失数额。

其三,艺龙网公司在其诉讼之外的主动道歉,不能等同于法院判决的赔礼道歉。赔礼道歉作为一种向对方表示歉意进而请求对方原谅的表达行为,既是道德责任,也是法律责任。两种责任的区别在于,作为民事法律责任承担方式,法律赋予了其强制性的力量。当赔礼道歉作为民事责任承担方式以法院判决的形式作出时,能够更有效地平息当事人之间的纷争,并对社会形成行为指引,其起到的社会效果、公示效果及法律效果与当事人在诉讼之外的道歉显然不同。因此,艺龙网公司在其诉讼之外的主动道歉,不能等同于法院判决的赔礼道歉。

同时,赔礼道歉作为一种民事责任承担方式具有承认错误、表示歉意并请求对方谅解的功能,是对被侵权人内心伤害的一种填补,与其他责任承担方式不同的是,赔礼道歉的效果难以量化。因此,当一方当事人在诉讼之外已经进行赔礼道歉,但并未得到被侵权人的谅解,且被侵权人在诉讼中仍然坚持要求法院判决赔礼道歉时,法院应对诉讼外的道歉予以审查,确定道歉是否达到了应达到的效果,即是否对被侵权人的内心伤害予以弥补。本案中,艺龙网公司确实发布了含有致歉内容的微博,但从整体来看,上述致歉微博的语气表达轻松诙谐,缺乏严肃性,且再次涉及宣传品牌的表述。在葛优不认可该致歉微博且坚持要求法院判决赔礼道歉的情况下,法院认为,上述致歉微博不能达到相应的致歉效果。故在艺龙网公司确实侵犯了葛优肖像权的情形下,法院判决艺龙网公司在其微博上公开发布致歉声明。①

---

① 案情的介绍与评析内容来源:北京市第一中级人民法院民事判决书(2018)京01民终97号,北京市海淀区人民法院民事判决书(2016)京0108民初39764号。

三、判决结果

2017年7月29日,一审宣判法院判决如下:

(1) 本判决生效后十日内,被告艺龙网信息技术(北京)有限公司在其运营的"艺龙旅行网"微博账号,针对未经许可使用原告葛优剧照及照片的行为公开发布致歉声明,置顶72小时,三十日内不得删除;声明内容需经法院审核;如不能履行本项判决,法院将在相关媒体公开判决书的主要内容,费用由被告艺龙网信息技术(北京)有限公司负担。

(2) 被告艺龙网信息技术(北京)有限公司赔偿原告葛优经济损失7万元,支付其维权合理支出5000元,以上共计75000元,本判决生效后十日内给付。

(3) 驳回原告葛优的其他诉讼请求。

判决后,艺龙网不服一审判决的侵权承担方式和范围,向北京市第一中级人民法院提起上诉。该院于2018年1月25日作出判决,驳回上诉,维持原判。

四、审理时主要参阅的法条

①《中华人民共和国民法通则》[①]。

第一百条　公民享有肖像权,未经本人同意,不得以营利为目的使用公民的肖像。

第一百二十条　公民的姓名权、肖像权、名誉权、荣誉权受到侵害的,有权要求停止侵害,恢复名誉,消除影响,赔礼道歉,并可以要求赔偿损失。

法人的名称权、名誉权、荣誉权受到侵害的,适用前款规定。

②《中华人民共和国侵权责任法》[②]。

第二十条　侵害他人人身权益造成财产损失的,按照被侵权人因此受到的损失赔偿;被侵权人的损失难以确定,侵权人因此获得利益的,按照其获得的利益赔偿;侵权人因此获得

---

① 《民法通则》于2021年1月1日废止,《民法典》于2021年1月1日施行。其中《民法通则》第一百条对应《民法典》第一千零一十九条,其第一千零一十九条修改如下:"任何组织或者个人不得以丑化、污损,或者利用信息技术手段伪造等方式侵害他人的肖像权。未经肖像权人同意,不得制作、使用、公开肖像权人的肖像,但是法律另有规定的除外。未经肖像权人同意,肖像作品权利人不得以发表、复制、发行、出租、展览等方式使用或者公开肖像权人的肖像。"第一百二十条对应《民法典》第九百九十五条,其第九百九十五条修改如下:"人格权受到侵害的,受害人有权依照本法和其他法律的规定请求行为人承担民事责任。受害人的停止侵害、排除妨碍、消除危险、消除影响、恢复名誉、赔礼道歉请求权,不适用诉讼时效的规定。"

② 《侵权责任法》于2021年1月1日废止,《民法典》于2021年1月1日施行。其中《侵权责任法》第二十条对应《民法典》第一千一百八十二条,其第一千一百八十二条修改如下:"侵害他人人身权益造成财产损失的,按照被侵权人因此受到的损失或者侵权人因此获得的利益赔偿;被侵权人因此受到的损失以及侵权人因此获得的利益难以确定,被侵权人和侵权人就赔偿数额协商不一致,向人民法院提起诉讼的,由人民法院根据实际情况确定赔偿数额。"第二十二条对应《民法典》第一千一百八十三条,其第一千一百八十三条修改如下:"侵害自然人人身权益造成严重精神损害的,被侵权人有权请求精神损害赔偿。因故意或者重大过失侵害自然人具有人身意义的特定物造成严重精神损害的,被侵权人有权请求精神损害赔偿。"

的利益难以确定,被侵权人和侵权人就赔偿数额协商不一致,向人民法院提起诉讼的,由人民法院根据实际情况确定赔偿数额。

第二十二条　侵害他人人身权益,造成他人严重精神损害的,被侵权人可以请求精神损害赔偿。

案例 2.2　合理使用名人肖像不构成肖像权侵权——周某一、周某二等与贵州人民出版社图书发行公司、无锡当当网信息技术有限公司等肖像权纠纷案

一、案情简介

公民死亡后,其生前的照片是否可以用来编辑出版?法律法规是如何规定的?本案例涉及鲁迅的肖像权及其近亲属的民事权益问题,具体情况如下:

2013年,北京鲁迅博物馆副馆长黄某生使用鲁迅照片若干完成编写《鲁迅像传》一书。北京鲁迅文化博物馆系隶属于国家文物局的公益性事业单位,主要负责鲁迅遗物的征集与保管、鲁迅文化的研究与宣传,馆内藏品可由使用者办理相应的审批手续后进行借阅、参展、拍照、扫描、复制。

《鲁迅像传》系一本照片与文字相结合的人物传记,其中文字部分共计37.2万字,照片部分共计114张。使用的114张照片中,绝大部分来源于许广平、周海婴生前对北京鲁迅博物馆的捐赠,这些照片目前由北京鲁迅博物馆保管收藏;另有个别照片来源于外国友人及拍摄者的收集。该114张照片中,有九成以上曾在1977年文物出版社出版的《鲁迅》一书中使用过,该书目前藏于北京鲁迅博物馆。

2013年3月,黄某生与中儒公司(由贵州人民出版社参股设立)签订《北京中儒世纪文化传播有限公司出版合同》,其中第五条约定"甲方的上述作品含有侵犯他人名誉权、肖像权、姓名权等人身权内容的,甲方承担全部责任并赔偿因此给乙方造成的经济和名誉损失,乙方可以终止合同"。中儒公司对书籍进行严格审稿,未发现有侮辱、贬损他人肖像或违反社会公共利益的内容,符合出版要求。该书于2013年7月出版,通过当当网、上海书城等网络和实体书商进行了销售。

2013年5月,鲁迅的孙子、孙女周某一、周某二、周某三、周某四发现黄某生出版了《鲁迅像传》一书,称黄某生在该书中未征得原告同意,擅自使用鲁迅肖像照片共114张,并配以文字解说。四人认为,公民死亡后,其肖像权应依法保护,黄某生未经鲁迅近亲属同意,擅自使用鲁迅照片、以营利为目的出版《鲁迅像传》,侵犯了鲁迅的肖像权及其近亲属的民事权益。

四人向人民法院提起诉讼,请求判令:①被告黄某生、贵州人民出版社立即停止出版、发

行《鲁迅像传》,被告当当网、上海书城立即停止销售《鲁迅像传》。②被告黄某生在《光明日报》《鲁迅研究月刊》上赔礼道歉、消除影响。③被告黄某生、贵州人民出版社共同赔偿原告经济损失人民币5万元,被告当当网、上海书城各赔偿原告经济损失人民币1万元。①

二、案件焦点与法理评析

本案件的主要焦点在于:其一,近亲属是否有权基于死者的肖像受到侵害而提起诉讼?其二,未经近亲属同意,使用已故名人肖像是否侵犯了近亲属的民事权益?其三,未经近亲属同意,使用已故名人肖像进行图书出版的商业行为是否侵犯了近亲属的民事权益?

法院对这三个焦点进行了回应。

其一,近亲属有权基于死者的肖像受到侵害而提起诉讼。肖像权是公民以自己的肖像上所体现的利益为内容的具体人格权,与公民的名誉权、姓名权等同样,是公民专有的民事权利。我国《民法通则》规定,"公民的民事权利能力始于出生,终于死亡",故死者不再是民事权利的主体。本案肖像的主体鲁迅,于1936年10月去世至今近80年,现原告以其肖像权被侵犯为请求权基础主张损害赔偿缺乏法律依据。

但在2001年《关于确定民事侵权精神损害赔偿责任若干问题的解释》中规定死者近亲属因他人"侵害死者姓名、肖像、名誉、荣誉"遭受精神痛苦而享有诉权。死者虽然不享有肖像权,但其肖像作为一种客观存在是不会消亡的,死者的肖像会对其近亲属产生精神及经济上的特定利益。一方面,因死者生前与其近亲属之间存在着紧密的身份关系和情感联系,对死者肖像的侮辱、贬损等不当使用会降低其社会评价,造成近亲属的精神痛苦;另一方面,有些死者的肖像因死者生前的特定身份可能具有一定的商业性价值,由此而产生的财产利益通常应归属于近亲属,他人不得擅自使用死者的肖像牟利。故对死者肖像的侵害可能会造成近亲属精神利益或财产利益的损害。因此,虽然死者不是肖像权的主体,但死者的肖像仍应是法律保护的对象,近亲属有权基于死者的肖像受到侵害而提起诉讼。

其二,未经近亲属同意,如果属于合理使用已故名人肖像并不侵犯近亲属的民事权益。

死者的肖像受法律保护,对死者肖像的使用通常应经得对该肖像享有特定精神利益和财产利益的近亲属的同意,未经近亲属同意使用死者肖像,造成近亲属特定利益损害的,近亲属有权主张损害赔偿。然而,当存在某些可能被认为系对肖像的合理使用情形时,如因新闻报道、科学研究、文化教育等为社会公共利益或是为满足社会公众知情权而使用领袖人物、著名科学家、历史名人等死者肖像的,虽未经近亲属事先同意,亦因具备了某种违法性阻却事由而可以免责。

本案中,鲁迅作为中国现代史上著名的文学家、思想家、革命家,去世后所留下的照片不仅为家人所拥有,更因其史料价值而为社会所拥有,进入社会公共领域,成为供公众了解和研究鲁迅文化的公共资源。被告黄某生作为北京鲁迅博物馆的研究馆员,利用博物馆的鲁迅藏品照片,通过对丰富历史资料的整合和以照片为佐证的学术研究方法,著成、出版《鲁迅

---

① 该案件的介绍与评析内容来自:上海市黄浦区人民法院(2014)黄浦民一(民)初字第1245号;上海市第二中级人民法院(2015)沪二中民一(民)终字第553号。

像传》一书,向社会广大读者介绍鲁迅事迹、解读鲁迅精神,属于对死者肖像的合理使用。况且《鲁迅像传》一书中的照片绝大部分又来源于已故的鲁迅配偶许广平、独子周海婴对鲁迅博物馆的生前捐赠,就民法角度而言,该捐赠行为不仅是对鲁迅照片所有权的无偿转让,也意味着其近亲属对照片所特有的私属权利之放弃,同时授予了被捐赠人对照片进行传播、使用的权利。该捐赠行为的民法效力及于捐赠人的后代包括原告四人,原告四人对于这些照片不享有排除他人合理使用的权利。即便是对于少量非捐赠的鲁迅照片,因其所具有的明显社会属性,原告四人作为鲁迅的孙子女,宜负有容忍满足社会公众知情权、为社会公共利益的需要让渡部分个人利益的义务。故虽然被告黄某生使用鲁迅照片未事先经得鲁迅近亲属的同意,但不构成侵权。

其三,本案中,未经近亲属同意,使用已故名人肖像进行图书出版的商业行为未侵犯近亲属的民事权益。

某些死者的肖像具有一定的商业性价值,他人不得擅自利用死者肖像牟利。但是,肖像的商业价值在于其本身能够起到提高商品知名度的作用,即使用人可以利用肖像为商品做广告宣传以提高其市场认可度、增加销量,此时肖像具有较为独立的商业价值,能够直接产生产品本身价值之外的经济利益。

而图书出版行为本身就是一种兼具文化性与商业性的传媒方式,特别是在以描写伟人传记为内容的书籍中,作者使用人物肖像的主要目的在于将自己对这一历史人物的学术研究成果,通过图书出版这种文化传媒途径向社会公开、与公众共享。只要不存在利用肖像做广告、商标、装饰橱窗等借助名人效应对书籍进行炒作的情形,或书籍内容含有侮辱、贬损、丑化他人肖像之内容的,均属于法律允许范围内的正当文化传播。

本案中,《鲁迅像传》是一本以讲述鲁迅生平事迹为内容的书籍,鲁迅肖像是完成此书不可或缺的元素,大量的照片资料为作者撰写人物传记提供史料佐证,而并非作为附着在书籍上的广告标识形式出现。黄某生出版书籍固然是一种能够产生利润的商业行为,但出版该书所获的利润并非直接源于鲁迅肖像本身所产生的商业价值,而是作者对呈现鲁迅肖像的这些文物照片进行介绍、解读并加入自己的观点后,所产生的具有原创性著作权的劳动报酬。况且如前所述,鲁迅作为历史名人,其照片资料已经成为供学者研究、公众了解的公共资源,如若将来凡是涉及鲁迅肖像的正当文化出版行为均因具有商业性而为法律所禁止,不仅不利于广大学者在专业领域的研究和探索,也将阻碍鲁迅文化在当今社会的传播和发展。故虽然被告黄某生出版书籍具有一定的商业性,但不构成侵权。[①]

三、判决结果

一审法院判决如下:

原告周某一、周某二、周某三、周某四要求被告黄某生、贵州人民出版社图书发行公司立

[①] 关于该案件的介绍与评析来自:上海市黄浦区人民法院民事判决书(2014)黄浦民一(民)初字第1245号;上海市第二中级人民法院民事裁定书(2015)沪二中民一(民)终字第553号。

即停止出版、发行《鲁迅像传》,被告无锡当当网信息技术有限公司、上海书城立即停止销售《鲁迅像传》;被告黄某生在《光明日报》《鲁迅研究月刊》上赔礼道歉、消除影响;被告黄某生、贵州人民出版社图书发行公司共同赔偿原告经济损失人民币5万元;被告无锡当当网信息技术有限公司、上海书城各赔偿原告经济损失人民币1万元的诉讼请求,不予支持。

二审审理过程中,周某一、周某二、周某三、周某四以已与黄某生达成案外和解协议为由,于2015年12月1日向法院申请撤回原审起诉并撤回上诉。法院准许周某一、周某二、周某三、周某四撤回起诉和上诉。

四、审理时主要参阅的法条

①《中华人民共和国民法通则》[①]。

第一百条　公民享有肖像权,未经本人同意,不得以营利为目的使用公民的肖像。

②《最高人民法院关于贯彻执行〈中华人民共和国民法通则〉若干问题的意见(试行)》[②]。

第一百三十九条　以营利为目的,未经公民同意利用其肖像做广告、商标、装饰橱窗等,应当认定为侵犯公民肖像权的行为。

③《最高人民法院关于确定民事侵权精神损害赔偿责任若干问题的解释》[③]。

第三条　自然人死亡后,其近亲属因下列侵权行为遭受精神痛苦,向人民法院起诉请求赔偿精神损害的,人民法院应当依法予以受理:

(一)以侮辱、诽谤、贬损、丑化或者违反社会公共利益、社会公德的其他方式,侵害死者姓名、肖像、名誉、荣誉;

(二)非法披露、利用死者隐私,或者以违反社会公共利益、社会公德的其他方式侵害死者隐私;

(三)非法利用、损害遗体、遗骨,或者以违反社会公共利益、社会公德的其他方式侵害遗体、遗骨。

---

① 《民法通则》于2021年1月1日废止,《民法典》于2021年1月1日施行。其中《民法通则》第一百条对应《民法典》第一千零一十九条,其第一千零一十九条修改如下:"任何组织或者个人不得以丑化、污损,或者利用信息技术手段伪造等方式侵害他人的肖像权。未经肖像权人同意,不得制作、使用、公开肖像权人的肖像,但是法律另有规定的除外。未经肖像权人同意,肖像作品权利人不得以发表、复制、发行、出租、展览等方式使用或者公开肖像权人的肖像。"

② 《最高人民法院关于贯彻执行〈中华人民共和国民法通则〉若干问题的意见(试行)》于2021年1月1日废止。其中《最高人民法院关于贯彻执行〈中华人民共和国民法通则〉若干问题的意见(试行)》第一百三十九条对应《民法典》第一千零一十九条,其第一千零一十九条修改如下:"任何组织或者个人不得以丑化、污损,或者利用信息技术手段伪造等方式侵害他人的肖像权。未经肖像权人同意,不得制作、使用、公开肖像权人的肖像,但是法律另有规定的除外。未经肖像权人同意,肖像作品权利人不得以发表、复制、发行、出租、展览等方式使用或者公开肖像权人的肖像。"

③ 《最高人民法院关于确定民事侵权精神损害赔偿责任若干问题的解释(2001年版)》于2020年12月23日修正,《最高人民法院关于确定民事侵权精神损害赔偿责任若干问题的解释(2020年版)》于2021年1月1日施行。其中《最高人民法院关于确定民事侵权精神损害赔偿责任若干问题的解释(2001年版)》第三条对应《最高人民法院关于确定民事侵权精神损害赔偿责任若干问题的解释(2020年版)》第三条,其第三条修改如下:"死者的姓名、肖像、名誉、荣誉、隐私、遗体、遗骨等受到侵害,其近亲属向人民法院提起诉讼请求精神损害赔偿的,人民法院应当依法予以支持。"

案例 2.3　将他人照片错误放置负面报道中构成肖像权侵权——张某某与中国互联网新闻中心肖像权纠纷案

一、案情简介

新闻媒体在报道负面新闻时,将与此负面新闻不相关者的照片放置在此新闻中,这是否构成对该人权益的侵害?张某某与中国互联网新闻中心肖像权纠纷案为我们提供了答案。

被告中国互联网新闻中心(简称新闻中心)系依法登记的事业单位法人,是中国网(www.china.com.cn)的主办单位。2016 年 1 月 22 日 12 时 55 分,"中国网"的"财经河南-财经中心"发表题为《北京农行票据案件:农行爆发票据窝案 38 亿无法兑付》的网文(简称涉诉网文),该涉诉网文中标注来源为财新网责任编辑赵某佩。涉诉网文第 4 页面配有图片 1 张(简称涉诉配图),涉诉配图主要内容为一着制服女性正面照,图片下方小字体标注有涉诉网文题目。涉诉网文主要内容为"据财新记者获悉,中国农业银行北京分行 2 名员工因涉嫌非法套取 38 亿元票据已被立案调查"等,涉诉网文直接配了原告张某某的正面照。

这一负面事件与张某某毫无关系,但中国网却使用了张某某的照片,让公众误以为该文报道的农业银行工作人员张某某或参与了"票据窝案",这给张某某带来了极大的痛苦。后经对比,张某某的正面照最开始刊发在《北京日报(2013 年 4 月 23 日)》第 13 版中《走进北京农行——春天的耕耘者用满腔热诚浇铸事业之花——记农业银行北京铁道支行大堂经理张某某》这篇报道中。

原告张某某提起诉讼,请求法院判决被告在"中国网"网站首页消除影响、赔礼道歉,并赔偿原告经济损失 50000 元(包括公证费 1000 元、律师代理费 10000 元、原告业务受影响损失费估算 39000 元)、精神损害抚慰金 50000 元;被告承担本案诉讼费。①

二、案件焦点与法理评析

本案在审理时,比较明确的一点是,新闻中心的行为侵犯了张某某的名誉权,因为涉诉网文的题目及内容均为负面报道性质,涉诉配图内容人物形象清晰,嵌入在整体文字报道内容中,加之原告确系涉诉网文中所涉及单位的在职员工,故如果浏览涉诉网文的读者知悉原

---

① 该案件的介绍与评析内容来自:北京市西城区人民法院民事判决书(2016)京 0102 民初 5098 号;北京市第二中级人民法院民事判决书(2017)京 02 民终 7245 号。

告或对原告身份有一定了解,则确实有可能会对涉诉网文内容与原告的关系产生错误联想,引起受众对原告的误解,进而给原告的社会评价造成一定负面影响,造成原告精神上的困扰;综上,原告关于涉诉网文及配图侵犯其名誉权的主张有事实依据。虽然涉诉网文并非被告原创,但是被告作为转载单位,亦应当负有对转载信息进行基本审查核实的义务,故新闻中心应当承担相应侵权责任。

本案的焦点在于:新闻中心的行为是否侵犯了张某某的肖像权?

在一审中,法院认为新闻中心的行为并未侵犯了张某某的肖像权。主要解释是,被告未经原告本人同意,转载文章时配图是事实;但是现有证据难以认定被告系以营利为目的转载涉诉网文、使用涉诉配图;亦无证据可以证明被告确实因为转载涉诉网文、配图获得特定利益;且被告已经将涉诉配图删除;故原告关于被告侵犯其肖像权的主张缺乏法律明确规定的要件,一审法院未采纳。

在二审中,法院判定张某某关于新闻中心侵犯其肖像权的上诉主张成立,一审判决就此认定不够准确,二审法院予以纠正。

《中华人民共和国民法通则》第一百条规定,公民享有肖像权,未经本人同意,不得以营利为目的使用公民的肖像。《最高人民法院关于贯彻执行〈中华人民共和国民法通则〉若干问题的意见(试行)》第一百三十九条规定,以营利为目的,未经公民同意利用其肖像做广告、商标、装饰橱窗等,应当认定为侵犯公民肖像权的行为。本案中,双方当事人就上述条文的适用所争议的焦点在于新闻中心是否以营利目的使用张某某的肖像。

首先,根据涉诉网文标题、涉诉配图、涉诉网文正文三部分内容依次在网页中呈现的页面布局,以及涉诉配图下方使用小号字体标注涉诉网文标题的客观事实,可以认定涉诉配图系嵌入涉诉网文中,作为涉诉网文整体内容的一部分。而从涉诉网文的内容看,该文章系对新闻事件的报道,不是广告类文章,涉诉网文内容本身不具有营利性质,涉诉配图嵌入涉诉网文中系用于新闻报道。

其次,虽然在涉诉网文页面的上方、右侧及下方等位置有广告链接及广告展示等内容,但是,涉诉网文与位于同一网页之中的广告,二者从空间布局上已经有明显界分,具有独立性,并不会使人产生网文中的涉诉配图系用于广告或者商品、服务宣传的目的的认识,亦不会使人产生张某某的肖像被商业化的认识。再者,涉诉网文分为5页显示,而涉诉配图显示于其中一页,涉诉网文采用分页显示的表现形式,与涉诉配图没有直接关联,根据分页显示的情节并不足以认定新闻中心使用涉诉配图造成张某某肖像的商业化。综合上述分析,二审法院认为,张某某主张新闻中心使用涉诉配图于涉诉网文中系商业行为、具有营利性质,依据不够充分。

但是,肖像作为人格要素之一,是个人正常形象的客观反映。根据《中华人民共和国侵权责任法》第二条的规定,侵害民事权益,应当依法承担侵权责任,民事权益包括肖像权。肖像权益之所以受法律保护,在于保障个人正常的客观形象不受外来的不良影响,从而确保人格的圆满无缺、不受侵害。对肖像的侵害,即体现为人格受侵害。就侵害后果而言,不当使用肖像使人格商业化,使人格等同于金钱,从而导致人格价值受贬损,固然是侵害肖像权的常见类型,而不当使用肖像使人格缺失,亦是对肖像权的侵害。法律规定未经本人同意不得以营利为目的使用公民的肖像,但法律并非且亦未将侵害公民肖像权的行为类型限定于上述一种。

本案中,在没有特别注明的情况下,文章的配图是为了与文章的内容相对应或者与文章要表达的主题相呼应。涉诉配图是张某某身着制服、站在银行服务大厅内,以大厅为背景拍摄。虽然图中位于张某某的左侧及左后方有大厅服务设备及"大堂经理"桌牌等背景,是张某某工作场景的照片,也是张某某以农行工作人员身份此前接受其他媒体采访、并为其他报道使用过的新闻图片,客观上与农行具有一定的关联性。但是,此前其他媒体使用张某某的肖像是为了对张某某进行正面宣传,与本案涉诉网文有关农业银行的负面报道之间没有关系,且剥离张某某此前接受其他媒体采访报道的背景,单从构图及内容看,涉诉配图中农行的相关信息并不突出,与农行的关联性亦不明显,图片的重点和中心系张某某的个人肖像本身。一般读者看到涉诉配图,会认为该图的重点和中心系图中人物,而非农行,进而会认为涉诉配图中与涉诉网文内容、主题相关联的因素亦是图中人物。而涉诉网文的内容又属负面报道性质,这确实会让读者对图中人物产生不利于该人物人格的联想,造成张某某精神上的困扰。再者,一般而言,人们会避免将自己的肖像等人格要素与负面事物联系到一起,以维护自己的人格完整。而行为人在未经本人同意使用其肖像时,则应当注意肖像的使用方式,避免导致正常的人格形象受到不良影响,给权利主体的人格形象带来侵害。这是合理使用他人肖像、维护个人人格的应有之义。

本案中,涉诉配图的主要内容是张某某的肖像,也是张某某人格形象的载体。新闻中心将张某某的肖像用于负面报道的涉诉网文,没有尽到相应的注意义务,超出了新闻媒体为了新闻传播需要而使用他人肖像的合理范围,构成了不当使用,侵犯了张某某的肖像权。综上,张某某关于新闻中心侵犯其肖像权的上诉主张成立,二审法院予以支持,一审判决就此认定不够准确,二审法院予以纠正。

三、判决结果

2016年10月9日,一审法院判决如下:

(1) 本判决生效后三十日内,被告中国互联网新闻中心在中国网(www.china.com.cn)上登载致歉声明,对未经审查转载错误使用原告张某某照片配图的网络文章一事向原告张某某赔礼道歉,致歉声明的内容和版式须经法院审核认可后方可发表,登载时间不得少于三日;如逾期未履行上述判决义务,将由法院在全国范围内公开出版发行的报刊上登载判决书主要内容,费用由被告中国互联网新闻中心负担。

(2) 本判决生效后三十日内,被告中国互联网新闻中心赔偿原告张某某精神损害抚慰金三千元。

(3) 驳回原告张某某的其他诉讼请求。

2017年7月31日,二审法院认为,一审判决关于新闻中心是否侵犯张某某肖像权的认定不够准确,本院予以纠正,但是一审裁判结果正确,故对张某某的上诉请求不予支持,判决如下:驳回上诉,维持原判。

四、审理时主要参阅的法条

①《中华人民共和国民法通则》[①]。

第一百条 公民享有肖像权,未经本人同意,不得以营利为目的使用公民的肖像。

第一百零一条 公民、法人享有名誉权,公民的人格尊严受法律保护,禁止用侮辱、诽谤等方式损害公民、法人的名誉。

②《最高人民法院关于贯彻执行〈中华人民共和国民法通则〉若干问题的意见(试行)》[②]。

第一百三十九条 以营利为目的,未经公民同意利用其肖像做广告、商标、装饰橱窗等,应当认定为侵犯公民肖像权的行为。

第一百四十条 以书面、口头等形式宣扬他人的隐私,或捏造事实公然丑化他人人格,以及用侮辱、诽谤等方式损害他人名誉,造成一定影响的,应当认定为侵害公民名誉权的行为。

[①] 《民法通则》于2021年1月1日废止,《民法典》于2021年1月1日施行。其中《民法通则》第一百条对应《民法典》第一千零一十九条,其第一千零一十九条修改如下:"任何组织或者个人不得以丑化、污损,或者利用信息技术手段伪造等方式侵害他人的肖像权。未经肖像权人同意,不得制作、使用、公开肖像权人的肖像,但是法律另有规定的除外。未经肖像权人同意,肖像作品权利人不得以发表、复制、发行、出租、展览等方式使用或者公开肖像权人的肖像。"第一百零一条对应《民法典》第一千零二十四条,其第一千零二十四条修改如下:"民事主体享有名誉权。任何组织或者个人不得以侮辱、诽谤等方式侵害他人的名誉权。名誉是对民事主体的品德、声望、才能、信用等的社会评价。"

[②] 《最高人民法院关于贯彻执行〈中华人民共和国民法通则〉若干问题的意见(试行)》于2021年1月1日废止。其中《最高人民法院关于贯彻执行〈中华人民共和国民法通则〉若干问题的意见(试行)》第一百三十九条对应《民法典》第一千零一十九条,其第一千零一十九条修改如下:"任何组织或者个人不得以丑化、污损,或者利用信息技术手段伪造等方式侵害他人的肖像权。未经肖像权人同意,不得制作、使用、公开肖像权人的肖像,但是法律另有规定的除外。未经肖像权人同意,肖像作品权利人不得以发表、复制、发行、出租、展览等方式使用或者公开肖像权人的肖像。"第一百四十条对应《民法典》第一千零二十四条,其第一千零二十四条修改如下:"民事主体享有名誉权。任何组织或者个人不得以侮辱、诽谤等方式侵害他人的名誉权。名誉是对民事主体的品德、声望、才能、信用等的社会评价。"

第三章 媒体与著作权

近年来,互联网经济发展迅速,新的媒介技术形态带来了新的媒介应用,也带来了新的运营模式,这对著作权的保护提供了挑战。《中华人民共和国著作权法》第三次修正于2020年11月11日获得通过,这次修正主要是为了与下面情况相适应:一是随着以网络化、数字化等为代表的新技术的高速发展和应用,一些现有规定已无法适应实践发展需要;二是著作权维权成本高,侵权损害赔偿额低,执法手段不足,侵权行为难以得到有效遏制,权利保护的实际效果与权利人的期待还有一定差距;三是修改前的著作权法部分规定有必要与我国近年来加入的国际条约以及出台的《民法典》等法律进一步做好衔接。①

本章探讨了网络服务商定向链接侵权视频、信息存储空间上存储侵权影视、手机App传播未经许可的音乐作品、未经许可在移动视频App上直播电视节目、未经许可在自媒体上发布他人作品等几类著作权侵权问题,分析了影音播放器中定向链接的侵权认定、信息存储空间是否需要与用户承担连带责任、录音制作者权侵害的认定、视频App同步转播电视节目的侵权认定、微信公众号上提供侵权作品的侵权判定等法理问题。

案例3.1 网络服务商定向链接侵权视频需承担法律责任——优酷信息技术有限公司与深圳市迅雷网络技术有限公司信息网络传播权纠纷案

一、案情简介

只是作为链接服务者而非内容服务者,如果被链接的网站上有侵权视频,那么网络链接服务者是否需要承担侵权责任,如何判定其是否侵权?在优酷信息技术有限公司与深圳市迅雷网络技术有限公司信息网络传播权纠纷案中,法院区分了定向链接与全网链接,并指出了定向链接服务提供者需要注意的义务。

电视剧《风和日丽》片尾署名信息网络传播权及数字电视播映权独家归属于浙江东阳天世文化传播有限公司。2012年,浙江东阳天世文化传播有限公司出具《授权书》,将该剧在中国大陆地区内的独占专有信息网络传播权、制止侵权的权利及转授权授予合一网络技术

---

① 刘家瑞:《〈著作权法〉第三次修正评析与展望》,载《网络法律评论》2020年第1期,第102-121页。

(北京)有限公司,合一信息技术(北京)有限公司于2017年10月17日名称变更为优酷信息技术(北京)有限公司(简称优酷公司)。

用户在IE浏览器地址栏内输入www.xunlei.com,进入深圳市迅雷网络技术有限公司(简称迅雷公司)的迅雷网站,下载"迅雷影音5.1.29.4510"后运行,迅雷影音中有"片库""播放器""游戏""一元夺宝"分类,点击"片库",地址栏中显示网址http://pianku5.xmp.kankan.com/moviestore_index5.shtml……页面上方显示"下次启动是否默认打开片库"。在搜索栏中输入"风和日丽",搜索结果页面显示相关影视作品的目录,影视作品来源处有腾讯、看看、土豆、优酷、乐视等播放器的logo,选择看看网的logo,此时地址栏的网址为"http://search5.xmp.kankan.com/search.php?keyword=……",点击第一个搜索结果中的第一集,跳转页面显示网址"http://pianku5.xmp.kankan.com/……",播放两个游戏广告之后,开始播放电视剧,页面快速呈现网址"http://pianku5.xmp.kankan.com/……"。

迅雷公司认为涉案影音产品从2013年发布以来,均采取的是浏览器模式和播放器模式同时使用的方式,涉案产品的网页地址栏与普通浏览器的功能并无区别,用户可以输入任意网址登录其他网站。优酷公司是从kankan.com网站的搜索框中搜索到涉案影片,且在该搜索结果页面,每个影视作品均可选择不同的播放源进行播放(如搜狐、腾讯、爱奇艺等),选定不同的播放源后点击"立即播放"即跳转至第三方正版视频网站进行播放,正如本案播放页面的网址为kankan.com。迅雷公司认为其仅提供链接服务,涉案播放器有浏览器功能,涉案影片的播放均链接跳转至kankan.com网页播放,涉案播放页面点击播放器后为全屏播放效果,涉案播放器与搜库、360影视产品商业模式完全相同。[①]

原告优酷公司认为,迅雷公司未经其许可,在"迅雷PC客户端"中提供涉案作品的点击播放及下载服务,侵犯了优酷公司的信息网络传播权,优酷公司购买上述作品网络版权付出了高额对价,迅雷公司未取得原告授权擅自播放和下载的行为给优酷公司造成了较大经济损失,迅雷公司擅自在其平台播放未经授权作品的行为严重侵犯了原告的合法权利。

二、案件焦点与法理评析

本案的焦点在于:其一,涉案作品是由迅雷公司提供的,还是由看看网提供的;其二,迅雷公司在迅雷影音播放器中单独设置对看看网的链接是否构成侵权,应当如何判定。

法院对这两个问题进行了解释。

其一,涉案作品是由看看网提供的。关于迅雷公司提供服务的性质是内容服务还是链接服务,优酷公司认为涉案作品是在迅雷公司播放器中播放的,故迅雷公司是内容提供者,其行为系直接侵权行为;而迅雷公司则认为其仅提供了看看网的链接,涉案作品由看看网提供。对此,法院认为,看看网的网址属于绝对有效地址且对应的是看看网站,而迅雷播放器具备在播放器中打开看看网并播放相关作品的类浏览器功能。迅雷影音客户端设置了单独的"片库"版块,而该版块所显示网址系上述看看网网址,同时在该版块下搜索涉案作品,搜索结果页面及作品播放时的缓冲页面网址均显示看看网的网址,由此可以推知迅雷公司在

[①] 该案件的介绍与评析内容来自:北京市海淀区人民法院民事判决书(2019)京0108民初2997号、北京知识产权法院民事判决书(2020)京73民终124号。

播放器中内置链接了看看网,涉案作品则由看看网提供。

其二,迅雷公司在迅雷影音播放器中单独设置对看看网的链接属于定向链接服务,在本案中构成侵权。迅雷公司在迅雷影音播放器中单独设置对看看网的链接,虽未有证据证明其与看看网之间存在分工合作关系,但此种在软件中仅针对某一固定视频网站进行链接所达到的服务效果已相当于将该被链网站作为其内容的一部分向用户展示和提供,其行为模式一方面会为被链网站提供入口和更多流量,另一方面也会因被链网站的大量内容输出而提高其软件的用户黏性。倘若被链网站提供侵权作品,则软件本身的存在亦在无形中扩大了侵权作品的传播范围。因此,软件经营者应当对此种情况下的被链网站进行更深层次的考察,其对被链内容的侵权与否应尽到较普通链接服务提供者更高的注意义务。一审法院认为,此种注意义务所应达到的程度应当更接近于内容提供者所应承担的相应义务。本案中,看看网站虽为经过备案的视频网站,但未有证据证明该网站的规模、正版化的程度等足以使迅雷公司仅施以一般的注意义务即可将其作为自有软件的主要内容进行链接、向用户呈现,并且基于迅雷公司与看看网之间的关系,迅雷公司对看看网的作品版权情况进行深度询问、了解、考察并未超过迅雷公司的能力范围,亦未苛以其额外负担,而迅雷公司显然并未对其所唯一链接的看看网上涉案作品的侵权情况施以上述必要的足够注意,客观上对侵权作品的传播起到了帮助作用,主观过错明显,应当承担间接侵权责任。

二审法院进一步进行了解释,并界定了何谓定向链接服务以及定向链接服务者的注意义务。根据《信息网络传播权保护条例》第二十三条规定,网络服务提供者为服务对象提供搜索或者链接服务,在接到权利人的通知书后,根据本条例规定断开与侵权的作品、表演、录音录像制品的链接的,不承担赔偿责任;但是,明知或者应知所链接的作品、表演、录音录像制品侵权的,应当承担共同侵权责任。用户通过迅雷影音的搜索栏搜索涉案电视剧,搜索结果页面直接显示看看网内涉案电视剧的目录,点击看看网 logo 下的选集即可播放看看网内的涉案电视剧内容,显示对应网址是看看网。由此可以看出,虽然迅雷公司主张其提供的仅为链接服务,但其提供的该项服务对被链接网站进行了限定,系仅针对看看网特定内容的定向链接服务。定向链接与全网链接的不同之处在于,定向链接具有特定性、针对性和指向性的特点。既然提供的链接具有针对性,迅雷公司理应对被链接网站及相关内容有更高的注意义务。在本案证据无法证明看看网已获得优酷公司授权的情形下,迅雷公司在迅雷播放器中将搜索结果定向链接到专门的影视网站看看网,难以认定其作为影音软件经营者尽到了合理的注意义务,故迅雷公司主观上存在过错,为涉案电视剧的传播提供了便利,从而帮助被链接网站的侵权行为得以实施和扩大,因此,迅雷公司应当承担侵权赔偿的责任。

三、判决结果

2019 年 9 月 27 日,一审法院判决结果如下:

(1) 自本判决生效之日起十日内,深圳市迅雷网络技术有限公司赔偿优酷信息技术(北京)有限公司经济损失 40000 元及合理开支 4500 元。

(2) 驳回优酷信息技术(北京)有限公司的其他诉讼请求。

判决后,迅雷公司提出上诉。2020年12月28日,二审法院驳回上诉,维持原判。

四、审理时主要参阅的法条

①《信息网络传播权保护条例》。

第二十三条 网络服务提供者为服务对象提供搜索或者链接服务,在接到权利人的通知书后,根据本条例规定断开与侵权的作品、表演、录音录像制品的链接的,不承担赔偿责任;但是,明知或者应知所链接的作品、表演、录音录像制品侵权的,应当承担共同侵权责任。

②《最高人民法院关于审理侵害信息网络传播权民事纠纷案件适用法律若干问题的规定》①。

第七条 网络服务提供者在提供网络服务时教唆或者帮助网络用户实施侵害信息网络传播权行为的,人民法院应当判令其承担侵权责任。

网络服务提供者以言语、推介技术支持、奖励积分等方式诱导、鼓励网络用户实施侵害信息网络传播权行为的,人民法院应当认定其构成教唆侵权行为。

网络服务提供者明知或者应知网络用户利用网络服务侵害信息网络传播权,未采取删除、屏蔽、断开链接等必要措施,或者提供技术支持等帮助行为的,人民法院应当认定其构成帮助侵权行为。

案例3.2 信息存储空间上存储侵权影视作品需承担责任——优酷网络技术有限公司与北京百度网讯科技有限公司信息网络传播权纠纷案

一、案情简介

著作权人发现信息存储空间上有用户上传的侵权视频时,应当如何处理?信息存储空间在何种情况下需要承担侵权责任?此类问题一直是网络著作权法领域关注的热点问题,优酷网络技术有限公司与北京百度网讯科技有限公司信息网络传播权纠纷案便是这方面的案例。

---

① 《最高人民法院关于审理侵害信息网络传播权民事纠纷案件适用法律若干问题的规定(2012年版)》于2020年12月29日修正,《最高人民法院关于审理侵害信息网络传播权民事纠纷案件适用法律若干问题的规定(2020年版)》于2021年1月1日起施行。其中《最高人民法院关于审理侵害信息网络传播权民事纠纷案件适用法律若干问题的规定(2012年版)》第七条对应《最高人民法院关于审理侵害信息网络传播权民事纠纷案件适用法律若干问题的规定(2020年版)》第七条,该法条未做修改。

优酷网络技术(北京)有限公司(简称优酷公司)发现北京百度网讯科技有限公司(简称百度公司)经营的百度网盘服务器上存储有《三生三世十里桃花》(简称涉案作品),用户点击"分享至"可将百度网盘中视频文件的链接分享至新浪微博、QQ空间、腾讯微博、人人网、网易微博等第三方平台,以及点击"保存到网盘"后用户在自己的百度网盘账号中可实现视频的在线播放、下载等。

优酷公司经许可获得了相应期限内《三生三世十里桃花》信息网络传播权的专有使用权。优酷公司发送了 78 封通知邮件,所附的涉案链接中包含 8 个用户的重复上传视频行为,主张百度网盘对重复发生侵权行为 3 次的用户立即采取封禁等措施。优酷公司认为,百度公司应根据通知邮件中所附链接,运用视频指纹技术自行对存储于百度网盘中的涉案视频文件进行视频指纹信息的提取和比对,进而限制匹配一致的视频文件被上传、存储、分享。

优酷公司对百度网盘提供的是信息存储空间服务这一事实不持异议,亦认可涉案作品由用户上传,但认为百度公司对用户的侵权行为未尽到合理的注意义务,对侵权结果的发生存在主观过错,构成侵权。

优酷公司向一审法院提出诉讼请求:①百度公司停止侵权,包括断开涉案链接并删除百度网盘(服务器)上存储的涉案视频文件,对反复对外分享侵权内容的用户采取措施(暂停或终止服务)及采取技术手段(MD5 值、视频指纹、关键词)屏蔽涉案视频文件的上传、存储、分享;②在百度网站(www.baidu.com)及百度网盘网站首页连续 30 日刊登声明,消除影响;③赔偿优酷公司经济损失 2900 万元及合理支出 3 万元(包括律师费 12000 元和公证费 18000 元)。一审审理过程中,优酷公司撤回了第 2 项诉讼请求。①

二、案件焦点与法理评析

本案的焦点在于:其一,百度公司是否承担直接侵权责任;其二,百度公司是否需要与用户承担连带责任。法院对这两个问题进行了解释。

其一,百度公司不承担直接侵权责任。涉案作品可以在百度网盘用户与不特定公众之间进行传播,百度网盘所提供的分享功能显然不是该公司所称的"私密分享"。本不熟识的网络用户之间即使加为"好友"或"关注""订阅",也与现实生活中范围较小、关系密切、私密度高的亲友关系存在本质不同,故无论涉案链接的分享是否以上述"好友""订阅"等名义进行,均不会改变其公开、向不特定公众进行传播的性质,构成信息传播行为。

本案中将视频文件上传至服务器、生成链接分享至其他网站或网络平台进行传播,使公众可以在选定的时间和地点获得涉案作品的,即直接实施侵害涉案作品信息网络传播权之行为者,均为百度网盘的用户。百度公司并未参与实施用户的上述行为,亦不存在与用户分工合作之情形,故并非侵权行为的直接或共同实施者,不应因此而承担侵权责任。而且,百度公司通过百度网盘向用户提供的是信息存储空间及数据的同步、管理和分享等在线服务,并不存在对相关文件进行选择、编辑、修改、推荐等行为或从用户提供的涉案视频文件中直接获得经济利益等情况,故其在此范围内亦不存在过错,不应承担直接侵权责任。

---

① 该案件的介绍与评析内容来自:北京市海淀区人民法院民事判决书(2017)京 0108 民初 15648 号;北京知识产权法院民事判决书(2020)京 73 民终 155 号。

其二，百度公司须与用户承担连带责任。如果存在百度公司明知或应知用户的行为构成侵权，却未采取必要措施的情形，那构成连带责任。

首先，本案中，尽管百度公司在收到相关通知后当日即予以断开的涉案链接达到64%，但并未对没有断开其余链接的原因作出合理解释并举证证明，且从制止侵权的实际效果看，在总计11000余条的涉案链接中，可以侵权传播涉案作品持续超过24小时的有近4000条，持续超过两天的有2000余条，持续超过三天的有近千条，持续超过一周的仍有百余条。由于当时正值涉案作品的热播期，而相关证据显示该作品的知名度及其在各视频网站的点击量亦足以反映其受公众关注和欢迎的程度，结合涉案链接总量以及不断出现大量新的涉案链接等情形可以推断，前述链接在被断开之前，极有可能已吸引了数量可观的网络用户浏览、下载涉案作品，造成较为明显的侵权损害后果。一审法院认定百度公司在收到通知后并未及时对全部涉案链接采取断开措施，放任部分涉案链接持续、大量传播涉案作品，致使侵权范围和规模进一步扩大，应对由此导致的损害扩大部分与传播涉案作品的网络用户承担连带责任。

其次，依据相关法律规定，在收到权利人通知后及时断开侵权链接，是网络服务提供者免于承担侵权责任的必要条件，但并非充分条件。网络服务提供者针对用户侵权所应采取的必要措施，不应仅限于在侵权发生之后断开链接一项，否则即便其做到了及时断开，往往也会使侵权用户、权利人和网络服务提供者之间陷入"侵权—通知—断开—再侵权—再通知—再断开"的往复循环之中，难以有效制止用户的持续侵权，难以防止权利人损失的扩大。因此，除及时断开链接外，网络服务提供者还应基于其所提供服务的性质、方式、引发侵权可能性的大小以及其所具备的信息管理能力，积极采取其他合理措施，例如通过屏蔽制止用户分享侵权链接。

在本案中，《三生三世十里桃花》首轮播出后，百度公司便收到侵权通知并对部分链接采取断开措施之后，百度公司所面临的用户侵权问题已经从一种可能性转变为客观存在的、明显的事实，此时其已能够在管理能力所及的范围内，对哪些文件可能被用于侵权传播作出较为准确的判断。然而其在应知用户已大量实施侵权行为，且不采取合理预防措施将极有可能出现更多侵权行为的情况下，却并未对其用户分享涉案链接的行为通过屏蔽加以制止。由此导致的结果，在优酷公司发出的通知邮件所附涉案链接的数量变化中就有所体现：在首轮播出后的第一个十日为近1000条，在第二个十日进一步增长到1300余条，而在接近首轮播出尾声的第三个十日更达到了超越此前总和的4000余条。可见，无论前述的断开链接是否足够及时，若百度公司仅仅采取这种事后处理措施，而不通过合理的预防措施对其用户侵权行为加以有效遏制，那么最终的结果仍将会是给优酷公司造成严重的经济损失。综上，一审法院认为，在应当知道用户利用百度网盘侵害涉案作品信息网络传播权的情况下，百度公司未采取屏蔽措施制止用户分享涉案链接，导致了相应损害后果的发生，应当与侵权用户承担连带责任。

最后，鉴于涉案侵权行为的直接实施者均为百度网盘的用户，故在前述断开链接和进行屏蔽之外，依法对作为侵权源头的用户，特别是反复、大量侵权的用户限制其使用部分功能甚至停止服务，也应成为百度公司所采取的必要措施之一。

本案中，8个用户重复实施涉案侵权行为的期间基本与涉案作品首轮播出时间相一致，涉及侵权通知中的链接数量从10余条至300余条不等。而百度公司直到距首轮播出后近三个月的2017年4月21日起，才陆续对8个用户采取限制视频分享、封禁等限制使用或停止服务的措施，对其中5个用户采取措施的时间更是迟延至2018年4月以后。考虑到涉案作品具有较高的知名度和关注度，且涉案链接传播期间处于涉案作品的热播期，因而放任用户反复侵权或对严重侵权的用户迟延制止，势必会给优酷公司造成明显损害。百度公司作为百度网盘的经营者，应当知道哪些用户实施了涉案侵权行为以及相关的时间、数量、是否存在反复侵权等具体情况。然而该公司既缺乏针对侵权用户如何采取相应措施的明确标准和机制，亦未及时对涉案的8个侵权用户采取限制分享或封禁的必要措施，导致这些用户的侵权行为在被其放任的状态下得以持续和反复发生，造成了优酷公司损失的扩大，故其应依法对该扩大部分与这些用户承担连带责任。

三、判决结果

2019年11月28日，一审法院判决如下：

（1）一审判决生效之日起十日内，百度公司赔偿优酷公司经济损失100万元及合理开支3万元。

（2）驳回优酷公司的其他诉讼请求。

判决后，优酷公司、百度公司提出上诉。2020年12月28日，二审法院驳回上诉，维持原判。

四、审理时主要参阅的法条

①《中华人民共和国侵权责任法》[①]。

第三十六条　网络用户、网络服务提供者利用网络侵害他人民事权益的，应当承担侵权责任。

网络用户利用网络服务实施侵权行为的，被侵权人有权通知网络服务提供者采取删除、

[①] 《侵权责任法》于2021年1月1日废止，《民法典》于2021年1月1日施行。其中《侵权责任法》第三十六条对应《民法典》第一千一百九十四条、第一千一百九十五条、第一千一百九十七条，其三条法条修改如下："第一千一百九十四条：'网络用户、网络服务提供者利用网络侵害他人民事权益的，应当承担侵权责任。法律另有规定的，依照其规定。'第一千一百九十五条：'网络用户利用网络服务实施侵权行为的，权利人有权通知网络服务提供者采取删除、屏蔽、断开链接等必要措施。通知应当包括构成侵权的初步证据及权利人的真实身份信息。网络服务提供者接到通知后，应当及时将该通知转送相关网络用户，并根据构成侵权的初步证据和服务类型采取必要措施；未及时采取必要措施的，对损害的扩大部分与该网络用户承担连带责任。权利人因错误通知造成网络用户或者网络服务提供者损害的，应当承担侵权责任。法律另有规定的，依照其规定。'第一千一百九十七条：'网络服务提供者知道或者应当知道网络用户利用其网络服务侵害他人民事权益，未采取必要措施的，与该网络用户承担连带责任。'"

屏蔽、断开链接等必要措施。网络服务提供者接到通知后未及时采取必要措施的,对损害的扩大部分与该网络用户承担连带责任。

网络服务提供者知道网络用户利用其网络服务侵害他人民事权益,未采取必要措施的,与该网络用户承担连带责任。

②《最高人民法院关于审理侵害作品信息网络传播权民事纠纷案件适用法律若干问题的规定》①

第三条　网络用户、网络服务提供者未经许可,通过信息网络提供权利人享有信息网络传播权的作品、表演、录音录像制品,除法律、行政法规另有规定外,人民法院应当认定其构成侵害信息网络传播权行为。

通过上传到网络服务器、设置共享文件或者利用文件分享软件等方式,将作品、表演、录音录像制品置于信息网络中,使公众能够在个人选定的时间和地点以下载、浏览或者其他方式获得的,人民法院应当认定其实施了前款规定的提供行为。

第七条（见案例 3.1）。

第八条　人民法院应当根据网络服务提供者的过错,确定其是否承担教唆、帮助侵权责任。网络服务提供者的过错包括对于网络用户侵害信息网络传播权行为的明知或者应知。

网络服务提供者未对网络用户侵害信息网络传播权的行为主动进行审查的,人民法院不应据此认定其具有过错。

网络服务提供者能够证明已采取合理、有效的技术措施,仍难以发现网络用户侵害信息网络传播权行为的,人民法院应当认定其不具有过错。

第九条　人民法院应当根据网络用户侵害信息网络传播权的具体事实是否明显,综合考虑以下因素,认定网络服务提供者是否构成应知：

（一）基于网络服务提供者提供服务的性质、方式及其引发侵权的可能性大小,应当具备的管理信息的能力；

（二）传播的作品、表演、录音录像制品的类型、知名度及侵权信息的明显程度；

（三）网络服务提供者是否主动对作品、表演、录音录像制品进行了选择、编辑、修改、推荐等；

（四）网络服务提供者是否积极采取了预防侵权的合理措施；

（五）网络服务提供者是否设置便捷程序接收侵权通知并及时对侵权通知作出合理的反应；

（六）网络服务提供者是否针对同一网络用户的重复侵权行为采取了相应的合理措施；

（七）其他相关因素。

---

① 《最高人民法院关于审理侵害信息网络传播权民事纠纷案件适用法律若干问题的规定（2012 年版）》于 2020 年 12 月 29 日修正,《最高人民法院关于审理侵害信息网络传播权民事纠纷案件适用法律若干问题的规定（2020 年版）》于 2021 年 1 月 1 日起施行。其中《最高人民法院关于审理侵害信息网络传播权民事纠纷案件适用法律若干问题的规定（2012 年版）》第三、第七至九条分别对应《最高人民法院关于审理侵害信息网络传播权民事纠纷案件适用法律若干问题的规定（2020 年版）》的第三、第七至九条,上述法条未做修改。

案例 3.3 手机 App 传播未经许可的音乐作品构成侵权——广州繁星互娱信息科技有限公司与咪咕动漫有限公司、咪咕文化科技有限公司录音录像制作者权纠纷案

一、案情简介

移动手机 App 是现代人们用来获取信息、进行娱乐的重要工具。App 运营者未经著作权人的许可而将相关的音乐作品放在 App 上供用户下载、播放,是否构成了著作权侵权?广州繁星互娱信息科技有限公司与咪咕动漫有限公司、咪咕文化科技有限公司录音录像制作者权纠纷案便是此方面的案例。

广州繁星互娱信息科技有限公司(以下简称繁星互娱公司)为成立于 2014 年 8 月 7 日的有限责任公司(法人独资),经营范围为软件和信息技术服务业。

咪咕文化科技有限公司(以下简称咪咕文化公司)为成立于 2014 年 11 月 18 日的有限责任公司(外商投资企业法人独资)。根据《咪咕用户服务协议》,咪咕动漫公司以及咪咕视讯科技有限公司等五个公司,为咪咕文化公司的子公司。咪咕动漫有限公司(以下简称咪咕动漫公司)为成立于 2014 年 12 月 18 日的有限责任公司(非自然人独资或控股的法人独资),为"咪咕圈圈"App 的开发者和运营主体。

2021 年 6 月 16 日,北京绕梁音文化有限公司(以下简称绕梁音公司)出具《制作声明书》,载明其按照与繁星互娱公司签订的《音乐作品著作权转让及制作合同》完成了《盼君折枝》音乐作品的制作,表演者为郑鱼,明确其制作完成的音乐作品的知识产权及所有权由繁星互娱公司享有。繁星互娱公司享有涉案歌曲《盼君折枝》的录音制作者权。

咪咕动漫公司、咪咕文化公司在未取得繁星互娱公司授权的前提下,在其运营的"咪咕圈圈"App 上向所有用户提供《盼君折枝》的在线播放、评论、分享、下载等服务。

繁星互娱公司提出诉讼请求:①判令咪咕动漫公司、咪咕文化公司立即停止通过其开发运营的"咪咕圈圈"App 向公众提供被控侵权录音制品《盼君折枝》的在线播放、评论、分享、下载等服务;②判令咪咕动漫公司、咪咕文化公司向繁星互娱公司赔偿经济损失 10000 元;③判令咪咕动漫公司、咪咕文化公司承担全部诉讼费用。庭审过程中,繁星互娱公司撤回第一项诉讼请求。[①]

[①] 该案件的介绍与评析内容来自:广州互联网法院民事判决书(2021)粤 0192 民初 32938 号。

二、案件焦点与法理评析

本案的焦点在于：①咪咕文化公司、咪咕动漫公司的行为是否构成对繁星互娱公司录音制作者权的侵害；②如构成侵权，咪咕文化公司和咪咕动漫公司应如何承担侵权责任。

法院对这两个问题进行了解释。

其一，咪咕文化公司、咪咕动漫公司的行为构成对繁星互娱公司录音制作者权的侵害。《中华人民共和国著作权法》第四十四条规定，录音录像制作者对其制作的录音录像制品，享有许可他人复制、发行、出租、通过信息网络向公众传播并获得报酬的权利。咪咕动漫公司作为"咪咕圈圈"App 的运营方，未经繁星互娱公司授权许可，擅自将案涉录音制品的部分内容用于"咪咕圈圈"App 的视频内容中，以"公之于众"的方式展示在开放性的、不特定任何人均可浏览的网络上，使公众可以在选定的时间和地点获得涉案录音制品，侵犯了繁星互娱公司享有通过信息网络向公众传播案涉录音制品并获得报酬的权利，依法应当承担相应的侵权责任。

咪咕动漫公司提出其系信息存储空间服务提供者，案涉录音制品均是用户自行上传的抗辩意见。《咪咕用户服务协议》显示，咪咕文化公司及咪咕动漫公司等子公司通过咪咕产品亦向用户提供音乐、视频、直播、阅读等服务，咪咕产品内的所有内容，用户自行上传和咪咕合作伙伴依法享有权利的内容除外，所有知识产权及相关权利均归咪咕文化公司及其子公司所有。这表明"咪咕圈圈"App 中的内容既有用户上传的部分，也有咪咕动漫公司向用户提供的音乐、视频等内容服务，咪咕动漫公司并非单纯的提供信息存储空间服务的网络服务提供者。同时咪咕动漫公司并未提交被诉侵权视频发布主体的具体身份信息，以证实用户的真实主体身份。因此，对于咪咕动漫公司提出其系信息存储空间服务提供者，案涉录音制品是用户自行上传的抗辩意见，理据不足，法院没有采信。

其二，咪咕文化公司并未与咪咕动漫公司构成共同侵权。首先，"咪咕圈圈"App 的开发者明确显示为咪咕动漫公司。其次，《咪咕用户服务协议》明确载明各产品的运营公司及运营所在地，其中"咪咕圈圈"App 的运营公司为咪咕动漫公司。最后，《版权保护投诉指引》的注意事项载明指引中"咪咕"包括咪咕文化公司及实际运营咪咕旗下 App 及网站的各子公司，亦进一步明确咪咕旗下各网站及移动应用程序的实际运营者为各子公司。因此，虽然"咪咕文化科技有限公司"出现在《版权保护投诉指引》页面最末端，但是综合考虑该指引及服务协议等均适用于咪咕文化公司的五家子公司运营的 App 及网站的情况，其下方亦列明咪咕动漫、咪咕视频等五家子公司，而咪咕文化公司和咪咕动漫公司均确认咪咕文化公司并非被诉侵权 App 的实际运营方，繁星互娱公司并未提交充分证据证明咪咕文化公司共同实施了侵权行为，故咪咕文化公司不需要共同承担侵权责任。

三、判决结果

2022 年 5 月 13 日，法院判决结果如下：

(1)被告咪咕动漫有限公司应在本判决生效之日起十日内向原告广州繁星互娱信息科技有限公司赔偿550元。

(2)驳回原告广州繁星互娱信息科技有限公司的其他诉讼请求。

四、审理时主要参阅的法条

①《中华人民共和国著作权法实施条例》。

第五条 著作权法和本条例中下列用语的含义：

（一）时事新闻，是指通过报纸、期刊、广播电台、电视台等媒体报道的单纯事实消息；

（二）录音制品，是指任何对表演的声音和其他声音的录制品；

（三）录像制品，是指电影作品和以类似摄制电影的方法创作的作品以外的任何有伴音或者无伴音的连续相关形象、图像的录制品；

（四）录音制作者，是指录音制品的首次制作人；

（五）录像制作者，是指录像制品的首次制作人；

（六）表演者，是指演员、演出单位或者其他表演文学、艺术作品的人。

②《最高人民法院关于审理著作权民事纠纷案件适用法律若干问题的解释》[①]。

第七条 当事人提供的涉及著作权的底稿、原件、合法出版物、著作权登记证书、认证机构出具的证明、取得权利的合同等，可以作为证据。

在作品或者制品上署名的自然人、法人或者非法人组织视为著作权、与著作权有关权益的权利人，但有相反证明的除外。

第二十五条 权利人的实际损失或者侵权人的违法所得无法确定的，人民法院根据当事人的请求或者依职权适用著作权法第四十九条第二款的规定确定赔偿数额。

人民法院在确定赔偿数额时，应当考虑作品类型、合理使用费、侵权行为性质、后果等情节综合确定。

当事人按照本条第一款的规定就赔偿数额达成协议的，应当准许。

[①] 《最高人民法院关于审理著作权民事纠纷案件适用法律若干问题的解释（2002年版）》于2020年12月29日修正，《最高人民法院关于审理著作权民事纠纷案件适用法律若干问题的解释（2020年版）》于2021年1月1日起施行。其中《最高人民法院关于审理著作权民事纠纷案件适用法律若干问题的解释（2002年版）》第七条对应《最高人民法院关于审理著作权民事纠纷案件适用法律若干问题的解释（2020年版）》第七条，其第七条修改如下："当事人提供的涉及著作权的底稿、原件、合法出版物、著作权登记证书、认证机构出具的证明、取得权利的合同等，可以作为证据。在作品或者制品上署名的自然人、法人或者非法人组织视为著作权、与著作权有关权益的权利人，但有相反证明的除外。"第二十五条对应《最高人民法院关于审理著作权民事纠纷案件适用法律若干问题的解释（2020年版）》第二十五条，其第二十五条修改如下："权利人的实际损失或者侵权人的违法所得无法确定的，人民法院根据当事人的请求或者依职权适用著作权法第四十九条第二款的规定确定赔偿数额。人民法院在确定赔偿数额时，应当考虑作品类型、合理使用费、侵权行为性质、后果等情节综合确定。当事人按照本条第一款的规定就赔偿数额达成协议的，应当准许。"

案例3.4 未经许可在移动视频App上直播电视节目构成侵权——浙江广播电视集团与中国联合网络通信集团有限公司等广播权纠纷案

一、案情简介

国内的通信运营商开发各种视频App,向人们提供丰富的视听节目,从而在视频服务领域占据一席之地。如果通信运营商经营的视频App上未经许可播放电视台的节目,是否构成侵权?浙江广播电视集团与中国联合网络通信集团有限公司等广播权纠纷案对这一问题进行了回答。

原告浙江广播电视集团(以下简称浙广集团)系浙江省人民政府举办的事业单位法人,经营各类广播电视及相关业务。被告中国联合网络通信集团有限公司(以下简称联通集团)为有限责任公司,经营固定通信业务、蜂窝移动通信业务、第一类卫星通信业务、网络接入业务等。其他被告还有中国联合网络通信有限公司(以下简称联通公司)、中国联合网络通信有限公司广东省分公司(以下简称联通广东公司)、联通通信建设有限公司(以下简称通建公司)和广东联通通信建设有限公司(以下简称广东通建公司)。

2018年,浙广集团浙江卫视与北京奇艺世纪科技有限公司(以下简称奇艺公司)、深圳市腾讯计算机系统有限公司(以下简称腾讯公司)签订《信息网络传播权合作协议》,授权合作节目包括《奔跑吧2》共12期;授权合作内容信息:将包含涉案节目的电视节目的信息网络传播权授权给奇艺公司、腾讯公司,并约定平台上线涉案节目须在浙江卫视首播结束后,并约定了许可费用。

浙广集团发现用户可以在手机视频App"沃视频"上看到《奔跑吧2》节目。用户使用安卓系统手机或苹果系统手机下载并安装"沃视频",依次点击浏览"直播""卫视""浙江卫视",该频道播放的内容显示为正在直播《奔跑吧1》,左上角显示"浙江卫视"及其Logo,在节目播放一段时间后,播放一段广告,右上角显示《奔跑吧》的时间倒计时提示。2018年4—6月,"沃视频"App在固定时间段根据节目表同步播放《奔跑吧2》第3~11期共9期节目。沃视频App由联通广东公司委托广东通建公司开发并约定该软件著作权由联通广东公司享有。

浙广集团向一审法院提起诉讼,请求判令:①联通集团、联通公司、联通广东公司、通建公司、广东通建公司连带赔偿经济损失660万元(《奔跑吧2》第1~11期)及合理费用40万元;②联通集团、联通公司、联通广东公司、通建公司、广东通建公司共同在联通集团经营的官方网站(域名:www.chinaunicom.com、www.wo.com.cn)的首页位置刊登致歉声明,承担消除影响的民事责任;③联通集团、联通公司、联通广东公司、通建公司、广东通建公司承担本案全部诉讼费用。①

二、案件焦点与法理评析

本案的焦点在于：其一，"沃视频"App未经权利人许可同步转播涉案节目，是否侵害了浙广集团涉案作品的广播权；其二，联通集团、联通公司、联通广东公司主张其节目播放信号源来自珠江多媒体公司，称其并未侵权，这一主张是否成立；其三，如果构成侵权，那如何确定赔偿的金额。

法院对以上问题进行了解释。

其一，"沃视频"App未经权利人许可同步转播涉案节目，侵害了浙广集团涉案作品的著作权。2018年4—6月，"沃视频"App在固定时间段根据节目表同步播放《奔跑吧2》第3～11期共9期节目。经对比核查可知，涉案时间段"沃视频"中具体播放的内容、嘉宾阵容、游戏环节、情景设置、角标、滚标等均与涉案节目同步播放的内容一致，"沃视频"中部分期数的节目内容直接显示正在播放的节目系涉案节目。

浙广集团当庭明确指控侵权行为侵犯其广播权，即使未侵犯其广播权，亦纳入著作权法中其他权利的控制范畴。一审法院认为，广播权项下控制的行为是指以无线方式公开广播或者传播作品，以及以有线传播或转播的方式向公众传播广播作品的行为。而网络同步转播行为是将正在直播的电视节目通过互联网转码技术同步向公众进行转播的行为，属于通过互联网同步转播作品的行为。我国著作权法规定的"广播权"直接来源于《伯尔尼公约》第十一条"广播和相关权利"的规定。根据《伯尔尼公约》及《伯尔尼公约指南》的相关规定，"有线转播"应限定为通过传统有线电视的转播，并不包含互联网方式的转播。因此，一审法院认为，在著作权法未作出修改且著作权法第十条第一款第十七项已为著作权人设置了兜底权利条款的情形下，不宜扩大现行著作权法中"广播权"的控制范围。根据《世界知识产权组织版权条约》第八条规定，文学和艺术作品的作者享有"向公众传播权"之专有权，著作权人可以控制以任何技术手段进行转播。由于我国已于2006年加入《世界知识产权组织版权条约》，这就意味着我国承担对传播权提供该条约第八条要求的保护义务。同时，被诉侵权行为未经权利人授权许可，亦未支付相应报酬，具有盗播作品的性质，其直接分流浙广集团的电视观众以及由此带来的收视率和广告收入等商业利益，明显损害了浙广集团的合法权益，已完全具备了著作权侵权的基本特征及一般构成要件。虽然浙广集团受侵害的权益不能归入《著作权法》所列举的任一权项下，但给予其保护符合《著作权法》的立法目的。基于上述考虑因素，一审法院认为，为充分有效地保护著作权人的合法权益，应当适用《著作权法》第十条第一款第十七项规定规制本案被诉侵权的互联网同步转播作品行为，"沃视频"App未

---

① 该案件的介绍与评析内容来自：杭州互联网法院民事判决书（2019）浙0192民初1200号；浙江省杭州市中级人民法院民事判决书（2020）浙01民终2830号。

经权利人许可同步转播涉案节目,侵害了浙广集团涉案作品的著作权。

其二,联通集团、联通公司、联通广东公司主张其节目播放信号源来自珠江多媒体公司,称其并未侵权,这一主张并不成立。联通集团、联通公司、联通广东公司提供了《广东联通本地特色点播内容采购合作协议》《浙江卫视节目传输播出合同》等证据以证明节目播放信号源来自珠江多媒体公司。一审法院认为,首先,根据《广东联通本地特色点播内容采购合作协议》的约定,联通广东公司向珠江多媒体公司购买广东本地特色点播内容一年的点播权益。其针对的是内容清单中特定内容的互动点播权,涉案节目并未列入该清单中,且本案被控侵权行为表现为"沃视频"App同步转播正在直播的涉案节目,该协议约定的方式为点播,未涵盖被控侵权行为方式,且协议签署时间范围亦未涵盖涉案节目播放时间;其次,根据《浙江卫视节目传输播出合同》的约定,浙广集团节目仅限于珠江数码公司在广东省广州市有线电视网络中直播流传输,不含信息网络传播权,珠江数码公司亦不得在其或任何第三方的其他网络(包括但不限于IPTV、网络电视、客户端、App等)中传输甲方节目,如前所述,该合同约定的播放方式亦未涵盖被控侵权行为方式;最后,《广东联通本地特色点播内容采购合作协议》的签订主体是联通广东公司与珠江多媒体公司,《浙江卫视节目传输播出合同》的签订主体是珠江数码公司与浙广集团,联通广东公司的现有证据无法证明珠江多媒体公司与珠江数码公司之间的关系,即使其能够证明二者间的关系,现有证据亦无法证明珠江数码公司有权将浙广集团节目的直播流授权其他公司予以转播或通过非有线网络的形式予以转播。故联通集团、联通公司、联通广东公司的此项抗辩意见,一审法院不予采纳。

其三,关于赔偿金额。法院综合考虑涉案作品的类型、知名度、影响力、商业价值、侵权时间、侵权行为性质等认定如下:第一,涉案作品具有较高知名度和商业价值;第二,涉案作品为连续播出的综艺节目,每期均构成独立的作品,本案共涉及9期节目,在赔偿数额上应当累计;第三,涉案侵权行为为同步转播行为,对作品市场收益分流作用较大,侵权后果严重;第四,"沃视频"应用平台受众多,覆盖面广;第五,考虑到本案事实复杂程度、公证取证之难度,虽浙广集团未做举证,但势必产生相应的律师费和公证费用。综合上述原因,为弥补权利人的经济损失,惩戒侵权行为,一审法院酌情确定赔偿数额及合理支出共计为200万元。

三、判决结果

2020年3月5日,一审法院判决如下:

(1)联通集团、联通公司、联通广东公司于判决生效之日起十日内共同赔偿浙广集团经济损失及合理支出合计200万元。

(2)驳回浙广集团其他诉讼请求。

判决后,联通集团、联通公司和联通广东公司提起上诉。2020年9月28日,二审法院驳回上诉,维持原判。

四、审理时主要参阅的法条

①《中华人民共和国著作权法(2010年版)》[①]。

第四十七条 有下列侵权行为的,应当根据情况,承担停止侵害、消除影响、赔礼道歉、赔偿损失等民事责任:

(一) 未经著作权人许可,发表其作品的;

(二) 未经合作作者许可,将与他人合作创作的作品当作自己单独创作的作品发表的;

(三) 没有参加创作,为谋取个人名利,在他人作品上署名的;

(四) 歪曲、篡改他人作品的;

(五) 剽窃他人作品的;

(六) 未经著作权人许可,以展览、摄制电影和以类似摄制电影的方法使用作品,或者以改编、翻译、注释等方式使用作品的,本法另有规定的除外;

(七) 使用他人作品,应当支付报酬而未支付的;

(八) 未经电影作品和以类似摄制电影的方法创作的作品、计算机软件、录音录像制品的著作权人或者与著作权有关的权利人许可,出租其作品或者录音录像制品的,本法另有规定的除外;

(九) 未经出版者许可,使用其出版的图书、期刊的版式设计的;

(十) 未经表演者许可,从现场直播或者公开传送其现场表演,或者录制其表演的;

(十一) 其他侵犯著作权以及与著作权有关的权益的行为。

②《最高人民法院关于审理著作权民事纠纷案件适用法律若干问题的解释》。

第七条、第二十五条(见案例3.3)。

第二十六条[②] 著作权法第四十八条第一款规定的制止侵权行为所支付的合理开支,包括权利人或者委托代理人对侵权行为进行调查、取证的合理费用。

人民法院根据当事人的诉讼请求和具体案情,可以将符合国家有关部门规定的律师费

---

① 《中华人民共和国著作权法(2010年版)》于2020年11月11日修正,《中华人民共和国著作权法(2020年版)》于2021年6月1日施行。其中《中华人民共和国著作权法(2010年版)》第四十七条对应《中华人民共和国著作权法(2020年版)》第五十二条,其第五十二条修改如下:"有下列侵权行为的,应当根据情况,承担停止侵害、消除影响、赔礼道歉、赔偿损失等民事责任:(一)未经著作权人许可,发表其作品的;(二)未经合作作者许可,将与他人合作创作的作品当作自己单独创作的作品发表的;(三)没有参加创作,为谋取个人名利,在他人作品上署名的;(四)歪曲、篡改他人作品的;(五)剽窃他人作品的;(六)未经著作权人许可,以展览、摄制视听作品的方法使用作品,或者以改编、翻译、注释等方式使用作品的,本法另有规定的除外;(七)使用他人作品,应当支付报酬而未支付的;(八)未经视听作品、计算机软件、录音录像制品的著作权人、表演者或者录音录像制作者许可,出租其作品或者录音录像制品的原件或者复制件的,本法另有规定的除外;(九)未经出版者许可,使用其出版的图书、期刊的版式设计的;(十)未经表演者许可,从现场直播或者公开传送其现场表演,或者录制其表演的;(十一)其他侵犯著作权以及与著作权有关的权利的行为。"

② 第二十六条对应《最高人民法院关于审理著作权民事纠纷案件适用法律若干问题的解释(2020年版)》第二十六条,其第二十六条修改如下:"著作权法第四十九条第一款规定的制止侵权行为所支付的合理开支,包括权利人或者委托代理人对侵权行为进行调查、取证的合理费用。人民法院根据当事人的诉讼请求和具体案情,可以将符合国家有关部门规定的律师费用计算在赔偿范围内。"

用计算在赔偿范围内。

案例 3.5 未经许可在自媒体上发布他人作品构成侵权——长沙图宝科技有限公司与烟台皇家牧场科技有限公司网络传播权纠纷案

一、案情简介

　　自媒体上的内容往往精短有趣,如果将其他人的漫画作品、摄影作品等发布在自己的自媒体账号上,是否会因为这些作品数量比较少而免于责任承担呢?长沙图宝科技有限公司与烟台皇家牧场科技有限公司网络传播权纠纷案便是这方面的案例。

　　被告烟台皇家牧场科技有限公司(以下简称皇家牧场公司)主办并经营微信公众号"加拿大皇家牧场进口食品自营馆"。2018年10月22日,该微信公众号发表的《专业黑老婆30年,一百万人点赞》一文使用了图宝科技公司享有独占性信息网络传播权的涉案美术作品共39个。这39个美术作品是案外人田源(网名:郊县天王老田)创作完成的漫画作品,田源向贵州省版权局申请登记,贵州省版权局审核后分别于2021年3月17日、18日、19日为《快到妇女节了,陪她买件新衣服》《布!》《头盔》《搬砖头》《模范家庭》《学了一招也不知道能不能起作用……》《无处不在》《搓衣板》《搓衣板(2)》等共39个漫画作品出具作品登记证书。

　　原告长沙图宝科技有限公司(以下简称图宝科技公司)于2020年10月10日与田源签订《著作权授权许可使用协议》,约定如下:授权作品为田源创作完成或通过第三方授权获得的拥有完整著作权、财产权的漫画作品,授权权利为授权图宝科技公司以排他性专有许可的方式使用授权作品的著作权项下所有财产权;如图宝科技公司发现其他第三方存在侵害授权作品著作权的行为,包括本协议签署之前已发生并持续至本协议签署之后的或本协议之后开始的侵权行为,图宝科技公司可以以自己和田源共同名义或单独以图宝科技公司名义向侵权方主张权利;图宝科技公司以自己名义单独维权的案件,田源不得另行维权,授权期限自2020年10月10日至2022年10月9日。同日,田源与图宝科技公司签署《著作权授权许可授权书》,再次明确上述协议授权内容,附件授权作品清单包含涉案漫画作品。

　　图宝科技公司向一审法院起诉请求:①皇家牧场公司停止在其主办的微信公众号中使用图宝科技公司漫画作品的侵权行为;②皇家牧场公司支付图宝科技公司赔偿金及维权合理费用55000元。[①]

　　[①] 该案件的介绍与评析内容来自:山东省烟台市芝罘区人民法院(2021)鲁0602民初8857号民事判决;山东省烟台市中级人民法院民事判决书(2022)鲁06民终2502号。

二、案件焦点与法理评析

本案的焦点在于：其一，皇家牧场公司主张使用图片是为了进行评论，认为是著作权合理使用的抗辩是否成立；其二，在微信公众号上提供涉案作品，是否侵害了图宝科技公司对涉案作品的信息网络传播权。

法院对这两个问题进行了解释。

其一，皇家牧场公司在微信公众号发布涉案漫画不属于合理使用。皇家牧场公司主张其在公众号中使用涉案漫画作品系在介绍、评论文章中的适当引用，不侵害涉案作品的信息网络传播权。对此，法院认为，依照《中华人民共和国著作权法》第二十四条规定，"在下列情况下使用作品，可以不经著作权人许可，不向其支付报酬，但应当指明作者姓名或者名称、作品名称，并且不得影响该作品的正常使用，也不得不合理地损害著作权人的合法权益"："(二)为介绍、评论某一作品或者说明某一问题，在作品中适当引用他人已经发表的作品"。根据上述规定，适当引用的目的和用途必须限于介绍、评论作品或者说明问题，即引用须具备必要性。在必要性的前提下，使用作品的数量、方式、范围也必须控制在一定限度内，避免对著作权人利益造成不合理的损害，即引用须符合适当性。

本案中，首先，皇家牧场公司发布被诉侵权文章的公众号为"加拿大皇家牧场进口食品自营馆"，其作为销售相关产品的经营主体，利用其微信公众号发布涉案文章时，在被诉侵权文章末尾处附有相关皇家牧场公司的广告，其主观上具有借助涉案作品知名度吸引相关公众点击进入其公众号的目的，同时在客观上会起到对其自身产品进行宣传、推广的作用，其使用涉案作品的目的并非用于介绍、评论作品或说明问题，而是具有营利性目的。其次，皇家牧场公司在其公众号发布的文章中使用了著作权人的39个漫画作品，使网络用户通过浏览该公众号文章就可以获得涉案漫画作品，从而实质性替代了网络用户对于涉案作品著作权人个人微博内容的浏览与访问及相关图书的购买和阅读，这种使用方式已超出必要限度。结合皇家牧场公司认可被诉侵权文章并非其原创，而是其从其他公众号转载的事实，皇家牧场公司的合理使用抗辩不能成立。

其二，在微信公众号上提供涉案作品，侵害了图宝科技公司对涉案作品的信息网络传播权。法院根据《最高人民法院关于审理著作权民事纠纷案件适用法律若干问题的解释》第七条规定，当事人提供的涉及著作权的底稿、原件、合法出版物、著作权登记证书、认证机构出具的证明、取得权利的合同等，可以作为证据。本案中，图宝科技公司提交了涉案作品的作品登记证书，可以确认田源为涉案美术作品的著作权人。后田源将其所享有的涉案美术作品的信息网络传播权以排他性独家许可方式授予图宝科技公司，并授予图宝科技公司以自己名义进行维权并获得赔偿的权利，图宝科技公司有权针对侵害涉案作品著作权的行为提起诉讼。根据著作权法的规定，未经著作权人许可，通过信息网络向公众传播其作品的，应当根据情况，承担停止侵害、赔偿损失等民事责任。本案中，皇家牧场公司未经图宝科技公司授权许可，在其所管理、运营的微信公众号上发布涉案的39个漫画作品（包含55幅图片），皇家牧场公司虽未使用图宝科技公司涉案美术作品进行直接的商业盈利行为，但皇家牧场公司通过发布涉案美术作品,在一定程度上提高了其公司或其产品的社会知悉程度,包含了商业宣传,故皇家牧场公司侵犯了图宝科技公司对涉案作品享有的信息网络传播权,应当停止侵权、赔偿损失。二审法院认为,皇家牧场公司实施了侵害涉案作品信息网络传播权的行为,依法应当承担停止侵权、赔偿损失的民事责任。因被诉侵权文章仍在皇家牧场公司的微信公众号上发布,故对于图宝科技公司请求判令皇家牧场公司停止侵权的诉讼请求,依法应予支持。

三、判决结果

2021 年 11 月 19 日,一审法院判决如下:

(1) 限皇家牧场公司于判决生效之日起 10 日内赔偿图宝科技公司经济损失及维权费用共计 19500 元。

(2) 驳回图宝科技公司的其他诉讼请求。

判决后,皇家牧场公司提出上诉。2022 年 5 月 23 日,二审法院判决如下:

(1) 维持山东省烟台市芝罘区人民法院(2021)鲁 0602 民初 8857 号民事判决第一项。

(2) 撤销山东省烟台市芝罘区人民法院(2021)鲁 0602 民初 8857 号民事判决第二项。

(3) 烟台皇家牧场科技有限公司立即停止在其主办的微信公众号"加拿大皇家牧场进口食品自营馆(微信号:×××mc)"中使用涉案漫画作品的侵权行为。

(4) 驳回长沙图宝科技有限公司的其他诉讼请求。

四、审理时主要参阅的法条

①《最高人民法院关于适用〈中华人民共和国民法典〉时间效力的若干规定》。

第二条　民法典施行前的法律事实引起的民事纠纷案件,当时的法律、司法解释有规定,适用当时的法律、司法解释的规定,但是适用民法典的规定更有利于保护民事主体合法权益,更有利于维护社会和经济秩序,更有利于弘扬社会主义核心价值观的除外。

②《中华人民共和国著作权法(2020 年版)》。

第十条　著作权包括下列人身权和财产权:

(一) 发表权,即决定作品是否公之于众的权利;

(二) 署名权,即表明作者身份,在作品上署名的权利;

(三) 修改权,即修改或者授权他人修改作品的权利;

(四) 保护作品完整权,即保护作品不受歪曲、篡改的权利;

(五) 复制权,即以印刷、复印、拓印、录音、录像、翻录、翻拍、数字化等方式将作品制作一份或者多份的权利;

(六) 发行权,即以出售或者赠与方式向公众提供作品的原件或者复制件的权利;

(七) 出租权,即有偿许可他人临时使用视听作品、计算机软件的原件或者复制件的权

利,计算机软件不是出租的主要标的的除外;

（八）展览权,即公开陈列美术作品、摄影作品的原件或者复制件的权利;

（九）表演权,即公开表演作品,以及用各种手段公开播送作品的表演的权利;

（十）放映权,即通过放映机、幻灯机等技术设备公开再现美术、摄影、视听作品等的权利;

（十一）广播权,即以有线或者无线方式公开传播或者转播作品,以及通过扩音器或者其他传送符号、声音、图像的类似工具向公众传播广播的作品的权利,但不包括本款第十二项规定的权利;

（十二）信息网络传播权,即以有线或者无线方式向公众提供,使公众可以在其选定的时间和地点获得作品的权利;

（十三）摄制权,即以摄制视听作品的方法将作品固定在载体上的权利;

（十四）改编权,即改变作品,创作出具有独创性的新作品的权利;

（十五）翻译权,即将作品从一种语言文字转换成另一种语言文字的权利;

（十六）汇编权,即将作品或者作品的片段通过选择或者编排,汇集成新作品的权利;

（十七）应当由著作权人享有的其他权利。

著作权人可以许可他人行使前款第五项至第十七项规定的权利,并依照约定或者本法有关规定获得报酬。

著作权人可以全部或者部分转让本条第一款第五项至第十七项规定的权利,并依照约定或者本法有关规定获得报酬。

第十一条　著作权属于作者,本法另有规定的除外。

创作作品的自然人是作者。

由法人或者非法人组织主持,代表法人或者非法人组织意志创作,并由法人或者非法人组织承担责任的作品,法人或者非法人组织视为作者。

第四十八条　电视台播放他人的视听作品、录像制品,应当取得视听作品著作权人或者录像制作者许可,并支付报酬;播放他人的录像制品,还应当取得著作权人许可,并支付报酬。

第四十九条　为保护著作权和与著作权有关的权利,权利人可以采取技术措施。

未经权利人许可,任何组织或者个人不得故意避开或者破坏技术措施,不得以避开或者破坏技术措施为目的制造、进口或者向公众提供有关装置或者部件,不得故意为他人避开或者破坏技术措施提供技术服务。但是,法律、行政法规规定可以避开的情形除外。

本法所称的技术措施,是指用于防止、限制未经权利人许可浏览、欣赏作品、表演、录音录像制品或者通过信息网络向公众提供作品、表演、录音录像制品的有效技术、装置或者部件。

第五十二条　有下列侵权行为的,应当根据情况,承担停止侵害、消除影响、赔礼道歉、赔偿损失等民事责任:

（一）未经著作权人许可,发表其作品的;

（二）未经合作作者许可,将与他人合作创作的作品当作自己单独创作的作品发表的;

（三）没有参加创作,为谋取个人名利,在他人作品上署名的;

（四）歪曲、篡改他人作品的；

（五）剽窃他人作品的；

（六）未经著作权人许可，以展览、摄制视听作品的方法使用作品，或者以改编、翻译、注释等方式使用作品的，本法另有规定的除外；

（七）使用他人作品，应当支付报酬而未支付的；

（八）未经视听作品、计算机软件、录音录像制品的著作权人、表演者或者录音录像制作者许可，出租其作品或者录音录像制品的原件或者复制件的，本法另有规定的除外；

（九）未经出版者许可，使用其出版的图书、期刊的版式设计的；

（十）未经表演者许可，从现场直播或者公开传送其现场表演，或者录制其表演的；

（十一）其他侵犯著作权以及与著作权有关的权利的行为。

第五十三条　有下列侵权行为的，应当根据情况，承担本法第五十二条规定的民事责任；侵权行为同时损害公共利益的，由主管著作权的部门责令停止侵权行为，予以警告，没收违法所得，没收、无害化销毁处理侵权复制品以及主要用于制作侵权复制品的材料、工具、设备等，违法经营额五万元以上的，可以并处违法经营额一倍以上五倍以下的罚款；没有违法经营额、违法经营额难以计算或者不足五万元的，可以并处二十五万元以下的罚款；构成犯罪的，依法追究刑事责任：

（一）未经著作权人许可，复制、发行、表演、放映、广播、汇编、通过信息网络向公众传播其作品的，本法另有规定的除外；

（二）出版他人享有专有出版权的图书的；

（三）未经表演者许可，复制、发行录有其表演的录音录像制品，或者通过信息网络向公众传播其表演的，本法另有规定的除外；

（四）未经录音录像制作者许可，复制、发行、通过信息网络向公众传播其制作的录音录像制品的，本法另有规定的除外；

（五）未经许可，播放、复制或者通过信息网络向公众传播广播、电视的，本法另有规定的除外；

（六）未经著作权人或者与著作权有关的权利人许可，故意避开或者破坏技术措施的，故意制造、进口或者向他人提供主要用于避开、破坏技术措施的装置或者部件的，或者故意为他人避开或者破坏技术措施提供技术服务的，法律、行政法规另有规定的除外；

（七）未经著作权人或者与著作权有关的权利人许可，故意删除或者改变作品、版式设计、表演、录音录像制品或者广播、电视上的权利管理信息的，知道或者应当知道作品、版式设计、表演、录音录像制品或者广播、电视上的权利管理信息未经许可被删除或者改变，仍然向公众提供的，法律、行政法规另有规定的除外；

（八）制作、出售假冒他人署名的作品的。

③《最高人民法院关于审理著作权民事纠纷案件适用法律若干问题的解释》。

第七条和第二十五条（见案例3.3）。

④《最高人民法院关于审理侵害信息网络传播权民事纠纷案件适用法律若干问题的规定》。

第三条（见案例3.2）。

第四章 媒体与合同纠纷

网络视频公司、传媒公司等在日常工作中总是会签订各种合同。合同一经成立即具有法律效力,在双方当事人之间就发生了权利、义务关系。合同制度是市场经济的基本法律制度。现行《中华人民共和国民法典》合同编在《中华人民共和国合同法》(以下简称《合同法》)的基础上进行了完善,坚持维护契约、平等交换、公平竞争,促进商品和要素自由流动。合同编位于《民法典》第三编,共3个分编、29章、526条,主要内容有:第一分编为通则,共八章,包括一般规定、合同的订立、效力、履行、保全、变更和转让、权利义务终止、违约责任。第二分编关于典型合同,共十九章,包括买卖合同、赠与合同、借款合同、租赁合同等19种典型合同。第三分编关于准合同,共两章,对无因管理和不当得利的一般性规则作了规定。

本章介绍了用户在使用网络应用时遇到的格式合同问题,也介绍了传媒公司未履行合同义务的情形,从而探讨当事人一方或双方未按合同履行义务,就要依照合同或法律承担违约责任这一法律问题。

案例 4.1 付费超前点播视频服务模式违反会员协议——吴某某与北京爱奇艺科技有限公司网络服务合同纠纷案

一、案情简介

用户购买了视频的VIP会员服务,便有了热剧抢先看的权利,如果在电视剧播出过程中,视频服务商再次推出"付费超前点播"服务,即用户额外付费后,可以再多看几集,视频服务商的这种行为是否违反会员协议呢?吴某某与北京爱奇艺科技有限公司网络服务合同纠纷案便是关注"付费超前点播"服务是否构成对约定义务的违反这一问题的。

北京爱奇艺科技有限公司(以下简称爱奇艺公司)是爱奇艺平台的运营者,该平台主营视频业务。2019年6月19日,吴某某在爱奇艺平台上激活开通了"黄金VIP会员365天",会员期间为2019年6月19日至2020年6月18日。吴某某激活开通会员时,爱奇艺平台上提供的是在2018年11月23日更新的《爱奇艺VIP会员服务协议》(以下简称VIP会员协议)。该VIP会员协议及此后历次更新的VIP会员协议(更新至2019年12月18日)中均没有关于"热剧抢先看"的约定。但在"VIP特权展示页面"中有"热剧抢先看"的内容。吴某某进入"会员权益"页面，可以看到"热剧抢先看"标签，点击"热剧抢先看"标签，进入详情页面，该页面包括"服务会员""权益内容""权益展示"三项内容。其中，"服务会员"包括钻石 VIP 会员、黄金 VIP 会员和学生 VIP 会员；"权益内容"载明："卫视热播电视剧、爱奇艺优质自制剧您可享受提前观看，不用再等待蜗牛般的更新速度，其他人还在等待更新时，你已看完大结局！"

2019 年 12 月 8 日，爱奇艺公司更新了 VIP 会员协议，增加了"付费超前点播"条款，全文为："关于额外付费的特别说明：当您成功开通 VIP 会员服务后，您可以观看到爱奇艺平台 VIP 专享的视频内容，但您理解并同意，除 VIP 专享内容外仍有少量视频出于版权方等原因需要您额外付费后方可观看，目前主要有如下几种：(1)付费影片，该类影片在您额外付费后方可观看，不支持使用电影点播券；(2)用券影片且您无电影点播券的，爱奇艺平台上有部分影片需要用券观看，您可使用电影点播券进行观看而无需额外付费，但当您电影点播券无剩余张数时，该影片需要您额外付费；(3)超前点播剧集，根据爱奇艺实际运营需要，就爱奇艺平台上部分定期更新的视频内容，爱奇艺将提供剧集超前点播的服务模式，会员在进行额外付费后，可提前观看该部分视频内容的更多剧集，具体的点播规则以爱奇艺平台实际说明或提供为准；(4)其他需要额外付费后方可享受的服务内容，如知识课程等。前述需要额外付费的服务内容，爱奇艺会以显著标注向您作出提示。且这些服务内容在您付费成功后有一定期限的使用有效期（具体以购买页面说明为准），建议您及时使用，在有效期满后，无论您是否使用完毕所购的服务内容，爱奇艺不因此向您退还您已支付的费用且不予进行任何形式的补偿/赔偿。"吴某某主张上述"付费超前点播"条款未发生法律效力。

2019 年 6 月 19 日，吴某某购买了爱奇艺会员一年。2019 年 11 月 26 日，热播古装剧《庆余年》上线，在爱奇艺平台和腾讯平台同步首播，该电视剧共 46 集。从播出至 12 月 10 日期间的播放规则为：会员更新至第 13 集，VIP 会员更新至第 19 集。2019 年 12 月 18 日，爱奇艺公司再次更新 VIP 会员协议，上述与超前点播模式相关的条款未发生变更。2019 年 12 月 11 日，涉案电视剧《庆余年》超前点播模式开始在爱奇艺平台推出，这样，从 12 月 11 日起《庆余年》电视剧的播放规则为："每周一至周三晚 20 点更新 2 集，VIP 会员抢先看 6 集；在此基础上，VIP 会员可通过付费获得超前点播权益，提前解锁大结局"。简而言之就是用户在会员的基础上再付费 50 元，就可提前解锁 6 集内容，这意味着原本的 VIP 会员不仅要忍受广告，还要额外消费才能提前观看。①

本案中，爱奇艺公司对享有"热剧抢先看"VIP 会员权益的协议，增加了"付费超前点播"条款的行为，引发了争议。吴某某作为爱奇艺公司主打的会员模式中的黄金 VIP 会员，在观看爱奇艺公司推出的相关影视剧集时，认为其已有的"热剧抢先看"VIP 会员权益已经包含"看最新剧集"的内容，爱奇艺公司推出的"付费超前点播"模式，使其需要额外付费才能"看最新剧集"，损害了其会员权益。爱奇艺公司则认为"付费超前点播"是一种创新的商业模式，属于新的会员权益，并不造成对吴某某已有会员权益的损害。

吴某某向法院提出诉讼请求：①请求确认涉案《爱奇艺 VIP 会员服务协议》（更新时间为 2019 年 12 月 18 日，以下简称为"涉案 VIP 会员协议"）导言第二款约定无效："双方同意前

---

① "超前点播"收费模式最早出现在 2019 年 6 月播出的网剧《陈情令》，腾讯视频在临近该剧大结局时开启"超前点播"，观众可以选择提前解锁最后 5 集内容，每集超前点播费 6 元。此后，多个平台相继开启"超前点播"。

述免责、限制责任条款不属于《合同法》第四十条规定的'免除其责任、加重对方责任、排除对方主要权利'的条款,即您和爱奇艺均认可前述条款的合法性及有效性,您不会以爱奇艺未尽到合理提示义务为由而声称协议中条款非法或无效"。②请求确认"涉案VIP会员协议"第3.1条约定无效:"爱奇艺有权基于自身运营策略变更全部或部分会员权益、适用的用户设备终端"。③请求确认"涉案VIP会员协议"第3.3条约定无效:"且您理解并同意部分视频出于版权方等原因,视频的片头仍会有其他形式的广告呈现,上述呈现不视为爱奇艺侵权或违约"。④请求确认"涉案VIP会员协议"第3.5条第(3)项约定未生效:"超前点播剧集,根据爱奇艺实际运营需要,就爱奇艺平台上部分定期更新的视频内容,爱奇艺将提供剧集超前点播的服务模式,会员在进行额外付费后,可提前观看该部分视频内容的更多剧集,具体的点播规则以爱奇艺平台实际说明或提供为准"。⑤请求确认"涉案VIP会员协议"第10.2条约定无效:"双方同意,解决争议时,应以您同意的最新《爱奇艺VIP会员服务协议》为准"。⑥请求判令爱奇艺公司所运营的爱奇艺平台在播放观影内容时自动跳过包括前贴片广告在内的所有广告内容。⑦请求判令爱奇艺公司所运营的爱奇艺平台取消超前点播功能,向吴某某提前供应包括《庆余年》在内的所有卫视热播电视剧、爱奇艺自制剧。⑧请求判令爱奇艺公司赔偿吴某某公证费损失1500元。①

二、案件焦点与法理评析

本案件的焦点在于:其一,"涉案VIP会员协议"导言第二款相关内容的效力;其二,爱奇艺公司提供"付费超前点播"服务是否构成对其约定义务的违反。

针对这两个问题,法院进行了解释。

针对焦点问题一,法院认为导言第二款相关内容为无效认定。"涉案VIP会员协议"导言第二款约定:"爱奇艺已经以下划线或其他合理方式提示您重点阅读协议中与您的权益(可能)存在重大关系的条款(包括相关免除或限制责任条款等)。"同时,双方同意前述免责、限制责任条款不属于《合同法》第四十条规定的"免除其责任、加重对方责任、排除对方主要权利"的条款,即"您和爱奇艺均认可前述条款的合法性及有效性,您不会以爱奇艺未尽到合理提示义务为由而声称协议中条款非法或无效"。

对于"双方同意前述免责、限制责任条款不属于《合同法》第四十条规定的免除其责任、加重对方责任、排除对方主要权利的条款"部分,合同法第四十条规定:"格式条款具有本法第五十二条和第五十三条规定情形的,或者提供格式条款一方免除其责任、加重对方责任、排除对方主要权利的,该条款无效。"该内容属于法律的强制性规定,不允许合同当事人排除适用。导言第二款部分内容属于对合同法第四十条的排除适用,故"涉案VIP会员协议"导言第二款中前述内容无效。

对于"即您和爱奇艺均认可前述条款的合法性及有效性,您不会以爱奇艺未尽到合理提示义务为由而声称协议中条款非法或无效",这一条文可以结合《合同法》来分析。《合同法》

---

① 该案件的介绍与评析内容来自:北京互联网法院民事判决书(2020)京0491民初3106号。

第三十九第一款规定:"采用格式条款订立合同的,提供格式条款的一方应当遵循公平原则确定当事人之间的权利和义务,并采取合理的方式提请对方注意免除或者限制其责任的条款,按照对方的要求,对该条款予以说明。"据此,法院认为,格式条款的提示义务是格式条款提供方必须应尽的法定责任,需要采取合理的方式提请合同相对方注意。本案中,爱奇艺公司以格式条款提供方的地位,要求合同相对方承诺放弃以爱奇艺公司未尽到合理提示义务为由而主张格式条款非法或无效,从而达到免除或者降低其法定义务的目的,属于用格式条款的形式来拟制其已尽到法定义务的情形,实质是通过格式条款,排除合同相对方的法定权利,规避了应尽的法定义务。爱奇艺公司在"涉案 VIP 会员协议"中,为履行提示义务而标注下划线的文字,比不标注下划线的文字多出一倍,无法认定其已经尽到合理的提示义务。综上,前述内容应属无效。

针对焦点问题二,法院认定爱奇艺公司提供"付费超前点播"服务构成对其约定义务的违反。其主要解释如下。

其一,爱奇艺优质自制剧范围内设置"付费超前点播"剧集,法院对其主张不予支持。首先,在吴某某开通黄金 VIP 会员时,当时的 VIP 会员协议中并不包含有"关于额外付费的特别说明"条款。该条款首次出现在 VIP 会员协议(2019 年 7 月)中,具体情形为除专享内容外,仍有少量视频,主要有付费影片和用券影片,出于版权方等原因,需要 VIP 会员额外付费后方可观看。该条款中包含有"其他需要额外付费后方可享受的服务内容,爱奇艺会以显著标注向您作出提示"内容。其次,"关于额外付费的特别说明"条款所涉及的观影范围与 VIP 会员"热剧抢先看"的观影范围(即卫视热播电视剧、爱奇艺优质自制剧)可以区分。且从爱奇艺平台提供的相关影视剧页面资料看,付费影片和用券影片会在展示海报上分别标注"付费"和"用券"标识,而"热剧抢先看""权益展示"海报上则标有"VIP"标识,故实际观影时亦可以清晰区分。庭审中,爱奇艺公司也认可上述标识不会同时标注。涉案电视剧《庆余年》作为"爱奇艺优质自制剧",播出时海报已经明确标注有"VIP"标识,因此该剧在 VIP 会员"热剧抢先看"的观影范围之内。最后,在卫视热播电视剧、爱奇艺优质自制剧范围内,爱奇艺公司设置的"付费超前点播"已经包含在吴某某既有的 VIP 会员"热剧抢先看"的权益之中。而"热剧抢先看"的权益已经在双方合同范围内,不能再"额外付费"。因此,爱奇艺公司不能依据上述条款在卫视热播电视剧、爱奇艺优质自制剧范围内设置"付费超前点播"剧集,对其主张不予支持。

其二,单方增加"付费超前点播"条款的行为不发生变更合同的效力。根据《合同法》第三十九条的规定"提供格式条款的一方应当遵循公平原则确定当事人之间的权利和义务",网络服务平台约定单方变更的条款,应当以不损害用户权益为前提。根据本案查明的事实,爱奇艺平台单方变更合同条款,在涉案电视剧《庆余年》的播放过程中,推出"付费超前点播"服务,使黄金 VIP 会员的享受到的观影体验远远低于预期,显著地降低了黄金 VIP 会员观看影视剧的娱乐性和满足感,实质性损害了黄金 VIP 会员的主要权益。因此,本案中,爱奇艺公司单方增加"付费超前点播"条款的行为不发生变更合同的效力。

其三,法院认定变更合同不属于双方协商一致变更的情况。

"涉案 VIP 会员协议"第 6.2 条约定:"如协议发生变更,但您不同意变更的内容的,您有权选择停止使用 VIP 会员服务。如您在变更后的协议生效后仍继续使用 VIP 会员服务的,则视为您已经同意变更的全部内容。"那么,如果吴某某继续使用爱奇艺平台,是否可以视为其已经同意变更的内容。

从字面看,"涉案VIP会员协议"第6.2条约定"如协议发生变更,但您不同意变更的内容的,您有权选择停止使用VIP会员服务"的内容并无不妥。但是,结合"涉案VIP会员协议"第2.3条和第4.4条的规定内容,"服务费用在您支付完成后,不可转让,且不予退还",可以得出爱奇艺公司在"涉案VIP会员协议"中没有提供给VIP会员便捷解除合同,退还VIP会员费的有效渠道,导致即便会员不同意变更的内容,其解除VIP会员协议的权利形同虚设,构成对VIP会员权利的实质损害。

在合同解除权受到限制的情况下,"涉案VIP会员协议"第6.2条紧接着单方面约定"如您在变更后的协议生效后仍继续使用VIP会员服务的,则视为您已经同意变更的全部内容",当然违反合同法的公平原则。因为在于己不利、被动适用的合同条款中,合同相对方"真实意思表示"的"同意",必须是积极的、明确的、可以被共同认知的具体行为或者具体表达。所谓会员"继续使用爱奇艺平台,视为其已经同意变更的内容",因缺乏实质公正,不能视为双方协商一致的变更。

所以,总的来说,爱奇艺平台的相关行为,既不成立单方变更合同,又不成立协商一致变更合同,爱奇艺公司2019年12月8日增加的"付费超前点播"条款对吴某某不发生法律效力。在此基础上,爱奇艺公司在卫视热播电视剧、爱奇艺优质自制剧范围内,推出"付费超前点播"服务违反了其与吴某某之间"热剧抢先看"的合同约定,是对其"热剧抢先看"会员权益完整性的切割,实质性缩减了会员权益。法院认为爱奇艺公司构成违约,应当承担违约责任。

三、判决结果

2020年6月2日,法院判决如下:

(1) 确认《爱奇艺VIP会员服务协议》(更新时间为2019年12月18日)导言第二款中"双方同意前述免责、限制责任条款不属于《合同法》第四十条规定的'免除其责任、加重对方责任、排除对方主要权利'的条款,即您和爱奇艺均认可前述条款的合法性及有效性,您不会以爱奇艺未尽到合理提示义务为由而声称协议中条款非法或无效"内容无效。

(2) 确认《爱奇艺VIP会员服务协议》(更新时间为2019年12月18日)第3.5条中"超前点播剧集,根据爱奇艺实际运营需要,就爱奇艺平台上部分定期更新的视频内容,爱奇艺将提供剧集超前点播的服务模式,会员在进行额外付费后,可提前观看该部分视频内容的更多剧集,具体的点播规则以爱奇艺平台实际说明或提供为准"对原告吴某某不发生效力。

(3) 于本判决生效之日起十日内,被告北京爱奇艺科技有限公司向原告吴某某连续15日提供爱奇艺平台吴某某原享有的"黄金VIP会员"权益,使其享有爱奇艺平台卫视热播电视剧、爱奇艺优质自制剧已经更新的剧集的观看权利。

(4) 于本判决生效之日起十日内,被告北京爱奇艺科技有限公司赔偿原告吴某某公证费损失1500元。

(5) 驳回原告吴某某的其他诉讼请求。

四、审理时主要参阅的法条

①《中华人民共和国合同法》①。

第八条② 依法成立的合同,对当事人具有法律约束力。当事人应当按照约定履行自己的义务,不得擅自变更或者解除合同。

依法成立的合同,受法律保护。

第三十九条③ 采用格式条款订立合同的,提供格式条款的一方应当遵循公平原则确定当事人之间的权利和义务,并采取合理的方式提请对方注意免除或者限制其责任的条款,按照对方的要求,对该条款予以说明。

格式条款是当事人为了重复使用而预先拟定,并在订立合同时未与对方协商的条款。

第四十条④ 格式条款具有本法第五十二条和第五十三条规定情形的,或者提供格式条款一方免除其责任、加重对方责任、排除对方主要权利的,该条款无效。

第四十一条⑤ 对格式条款的理解发生争议的,应当按照通常理解予以解释。对格式条款有两种以上解释的,应当作出不利于提供格式条款一方的解释。格式条款和非格式条款不一致的,应当采用非格式条款。

第七十七条⑥ 当事人协商一致,可以变更合同。

法律、行政法规规定变更合同应当办理批准、登记等手续的,依照其规定。

第一百零七条⑦ 当事人一方不履行合同义务或者履行合同义务不符合约定的,应当承担继续履行、采取补救措施或者赔偿损失等违约责任。

---

① 《中华人民共和国合同法》(以下简称《合同法》)于 2021 年 1 月 1 日废止,《民法典》于 2021 年 1 月 1 日施行。

② 对应《民法典》第四百六十五条,其第四百六十五条修改如下:"依法成立的合同,受法律保护。依法成立的合同,仅对当事人具有法律约束力,但是法律另有规定的除外。"

③ 对应《民法典》第四百九十六条,其第四百九十六条修改如下:"格式条款是当事人为了重复使用而预先拟定,并在订立合同时未与对方协商的条款。采用格式条款订立合同的,提供格式条款的一方应当遵循公平原则确定当事人之间的权利和义务,并采取合理的方式提示对方注意免除或者减轻其责任等与对方有重大利害关系的条款,按照对方的要求,对该条款予以说明。提供格式条款的一方未履行提示或者说明义务,致使对方没有注意或者理解与其有重大利害关系的条款的,对方可以主张该条款不成为合同的内容。"

④ 对应《民法典》第四百九十七条,其第四百九十七条修改如下:"有下列情形之一的,该格式条款无效:(一)具有本法第一编第六章第三节和本法第五百零六条规定的无效情形;(二)提供格式条款一方不合理地免除或者减轻其责任、加重对方责任、限制对方主要权利;(三)提供格式条款一方排除对方主要权利。"

⑤ 对应《民法典》第四百九十八条,该法条在《民法典》中并未有相应修改。

⑥ 对应《民法典》第五百零二条,其第五百零二条修改如下:"依法成立的合同,自成立时生效,但是法律另有规定或者当事人另有约定的除外。依照法律、行政法规的规定,合同应当办理批准等手续的,依照其规定。未办理批准等手续影响合同生效的,不影响合同中履行报批等义务条款以及相关条款的效力。应当办理申请批准等手续的当事人未履行义务的,对方可以请求其承担违反该义务的责任。依照法律、行政法规的规定,合同的变更、转让、解除等情形应当办理批准等手续的,适用前款规定。"

⑦ 对应《民法典》第五百七十七条,该法条在《民法典》中并未有相应修改。

第一百一十三条① 当事人一方不履行合同义务或者履行合同义务不符合约定,给对方造成损失的,损失赔偿额应当相当于因违约所造成的损失,包括合同履行后可以获得的利益,但不得超过违反合同一方订立合同时预见到或者应当预见到的因违反合同可能造成的损失。

经营者对消费者提供商品或者服务有欺诈行为的,依照《中华人民共和国消费者权益保护法》的规定承担损害赔偿责任。

第一百二十五条② 当事人对合同条款的理解有争议的,应当按照合同所使用的词句、合同的有关条款、合同的目的、交易习惯以及诚实信用原则,确定该条款的真实意思。

合同文本采用两种以上文字订立并约定具有同等效力的,对各文本使用的词句推定具有相同含义。各文本使用的词句不一致的,应当根据合同的目的予以解释。

案例 4.2　传媒公司未履行合同义务构成违约行为——北京强强盛世文化发展有限公司与北京环球创影国际文化传媒有限公司合同纠纷案

一、案情简介

两个传媒公司协商投资一部影视剧,其中一个传媒公司如果在拍摄过程中未按合同规定的内容履行其义务,是否构成违约行为,其判定依据是什么?北京强强盛世文化发展有限公司与北京环球创影国际文化传媒有限公司合同纠纷案为我们提供了答案。

2016 年 6 月 17 日,北京强强盛世文化发展有限公司(以下简称强强公司)作为甲方、戴某作为乙方、李某作为丙方、北京环球创影国际文化传媒有限公司(以下简称环球公司)作为丁方签订《网络剧投资及收益协议书》(以下简称《协议书》),约定:甲、乙、丙、丁四方联合投资、摄制网络剧《葩葩组合》(最终名称为《奇葩组合》,以下简称涉案项目)。甲、乙、丙、丁四方负责投资出品、丁方负责对本项目进行投融资、制作以及相关运营事宜。《协议书》中对涉案项目的基本情况、运作费用、各方义务、收入支出等事项进行了规定。《协议书》签订后,强强公司向环球公司支付投资款 236 万元。环球公司分别于 2016 年 6 月 22 日、6 月 23 日、7

---

① 对应《民法典》第五百八十四条,其第五百八十四条修改如下:"当事人一方不履行合同义务或者履行合同义务不符合约定,造成对方损失的,损失赔偿额应当相当于因违约所造成的损失,包括合同履行后可以获得的利益;但是,不得超过违约一方订立合同时预见到或者应当预见到的因违约可能造成的损失。"

② 对应《民法典》第四百六十六条,其第四百六十六条修改如下:"当事人对合同条款的理解有争议的,应当依据本法第一百四十二条第一款的规定,确定争议条款的含义。合同文本采用两种以上文字订立并约定具有同等效力的,对各文本使用的词句推定具有相同含义。各文本使用的词句不一致的,应当根据合同的相关条款、性质、目的以及诚信原则等予以解释。"

月 25 日向强强公司开具收据 3 张,确认收到强强公司投资款合计 236 万元。

2016 年 7 月初《葩葩组合》开始拍摄,7 月底拍摄完成,2017 年 6 月上线网络平台,环球公司授权北京爱奇艺科技有限公司在全球的合法独家信息网络传播权及其转授权,授权暴风集团股份有限公司信息传播权及互联网衍生内容运营权。

环球公司称截至 2018 年 12 月 18 日,涉案网络剧在各大视频客户端、网站、自媒体等的合计收入 120068.67 元。环球公司于 2017 年 12 月 7 日向强强公司支付 44303.19 元,转账凭证记载用途为"网剧《奇葩组合》第一期收益";于 2018 年 3 月 16 日向强强公司支付 14363.84 元,转账凭证记载用途为"网剧《奇葩组合》第二期收益";于 2018 年 12 月 18 日向强强公司支付 15072.4 元及 185.46 元,转账凭证记载用途为"《奇葩组合》收入第三次款"。

环球公司提供了摄制成本决算总单记载合计决算费用为 3498765.84 元,并记载意大利采景实际支出,合计 225368 元。

强强公司主张环球公司存在以下行为,构成违约,涉案合同目的无法实现,应予解除:①环球公司提交的剧集不符合合同约定时长;②合同约定拍摄地为中国,但强强公司强行前往意大利拍摄;③环球公司违反提交演职演员合同等的约定;④环球公司违反收益分配的约定;⑤环球公司违反提供宣发费用明细的约定;⑥环球公司违反提供收入明细的约定;⑦环球公司违反提供合同复印件并加盖公章的约定。

强强公司提出以下诉讼请求:①判令解除双方 2016 年 6 月 17 日签订的《网络剧投资及收益协议书》;②判令环球公司返还全部投资款 236 万元;③判令环球公司支付违约金 708000 元及律师费 5 万元;④判令环球公司承担本案诉讼费用。[①]

二、案件焦点与法理评析

本案件的焦点在于:第一,环球公司履行合同是否存在违约行为?第二,《协议书》是否因环球公司违约行为而致解除?

关于争议焦点一,环球公司履行合同存在着违约行为。强强公司与环球公司签订之《协议书》系双方当事人真实意思表示,内容不违反法律、行政法规的强制性规定,合法有效,双方均应恪守履行。《协议书》约定自本项目制作完成之日起,环球公司应在 10 个工作日内向包括强强公司在内的三方提供本项目的制作明细;环球公司向包括强强公司在内的三方提供的明细及报表必须同时向三方提供创作、制作、发行、宣传合同及第三方合同的复印件,加盖环球公司公章并作为结算的依据。根据查明的事实,环球公司未在《协议书》约定的时限内履行上述合同义务。

环球公司辩称制作明细需待宣发费用确定后再一并制作,但《协议书》对宣发费用的制作时间有专门约定,显然不影响制作明细的制作。环球公司辩称因创作、制作、发行、宣传合同及第三方合同数量较大而未向强强公司提供,强强公司对此不予认可,环球公司该项理由不能成为其不履行合同义务的正当抗辩。因此,环球公司未依约履行合同义务,构成违约,

---

① 该案件的介绍与评析内容来自:北京市朝阳区人民法院民事判决书(2018)京 0105 民初 49724 号;北京市第三中级人民法院民事判决书(2020)京 03 民终 10671 号。

应当承担相应的违约责任。

关于争议焦点二,环球公司履约虽存在违约行为,但《协议书》之根本目的为四方联合投资、摄制网络剧。现根据查明之事实,可以确认涉案网络剧已拍摄完毕并在网络视频平台上线播出,环球公司已取得部分收入并向强强公司支付。环球公司之违约行为并不足以导致《协议书》之合同目的无法实现。强强公司与环球公司签订《协议书》,投资拍摄涉案网络剧,其作为投资人,应对其投资行为所存在的商业风险存在明知,其以环球公司未能向其返还投资款为由要求解除合同的意见,亦缺乏依据。故对强强公司主张解除涉案《协议书》并要求环球公司返还投资款的诉讼请求,法院不予支持。环球公司未依约履行合同,构成违约,强强公司有权要求其承担违约责任。

三、判决结果

2020年5月30日,一审法院判决如下:

(1) 被告北京环球创影国际文化传媒有限公司于本判决生效之日起七日内向原告北京强强盛世文化发展有限公司支付违约金30万元。

(2) 被告北京环球创影国际文化传媒有限公司于本判决生效之日起七日内向原告北京强强盛世文化发展有限公司赔偿律师费损失5万元。

(3) 驳回原告北京强强盛世文化发展有限公司其他诉讼请求。

判决后,环球公司不服该判决,提出上诉。2020年9月29日,北京市第三中级人民法院作出终审判决,判决驳回上诉,维持原判。

四、审理时主要参阅的法条

《中华人民共和国合同法》。

第一百一十三条(见案例4.1)。

第一百一十四条① 当事人可以约定一方违约时应当根据违约情况向对方支付一定数额的违约金,也可以约定因违约产生的损失赔偿额的计算方法。约定的违约金低于造成的损失的,当事人可以请求人民法院或者仲裁机构予以增加;约定的违约金过分高于造成的损失的,当事人可以请求人民法院或者仲裁机构予以适当减少。当事人就迟延履行约定违约金的,违约方支付违约金后,还应当履行债务。

---

① 《合同法》于2021年1月1日废止,《民法典》于2021年1月1日施行。其中《合同法》第一百一十四条对应《民法典》第五百八十五条,其第五百八十五条修改如下:"当事人可以约定一方违约时应当根据违约情况向对方支付一定数额的违约金,也可以约定因违约产生的损失赔偿额的计算方法。约定的违约金低于造成的损失的,人民法院或者仲裁机构可以根据当事人的请求予以增加;约定的违约金过分高于造成的损失的,人民法院或者仲裁机构可以根据当事人的请求予以适当减少。当事人就迟延履行约定违约金的,违约方支付违约金后,还应当履行债务。"

第五章 媒体与商标

擅自使用他人的企业名称或者姓名,让人误认为是他人的商品,构成侵犯他人商标权。《中华人民共和国商标法》的立法目的:加强商标管理,保护商标专用权,促使生产、经营者保证商品和服务质量,维护商标信誉,以保障消费者和生产、经营者的利益,促进社会主义市场经济的发展。《商标法》共八章73条,依次为:第一章总则、第二章商标注册的申请、第三章商标注册的审查和核准、第四章注册商标的续展、变更、转让和使用许可、第五章注册商标的无效宣告、第六章商标使用的管理、第七章注册商标专用权的保护及第八章附则。

本章选取了保健品公司使用"微信"图文、华语教学出版社使用"新华字典"商标、江苏省苏零食店贩卖有爱抖音标识的食品等三个案例,涉及注册商标专用权侵权判定、未注册驰名商标的判定、对商标权的侵犯构成不正当竞争等法律问题。

案例 5.1　摹仿驰名商标在不同类商品上使用构成商标侵权——微信保健品有限公司与腾讯科技有限公司商标权纠纷案

一、案情简介

一些知名公司的名称及图往往是知名商标,若这些商标被其他小企业使用,会有什么样的后果,是否侵犯了商标权?微信保健品有限公司与腾讯科技有限公司商标权纠纷案回答了这些问题。

腾讯科技公司成立于2000年2月24日,"微信"是腾讯科技公司于2011年1月21日推出的提供消息推送、公众号平台、朋友圈等服务的即时通信应用程序。

在2013年3月28日至2015年11月28日期间,腾讯科技公司的"微信及图"商标在核定使用的商品/服务为第9类、第38类、第39类上获得注册。2016年12月29日,国家工商行政管理总局商标局认定腾讯科技公司在核定使用的商品为第9类的商品上的"微信及图"注册商标为驰名商标。

微信保健品有限公司成立于2015年10月23日,经营范围为保健与健康用品、预包装食品、日用百货的批发与零售,法定代表人为吴某芳。吴某芳通过合法受让成为合肥台福食品销售有限公司注册的第9881749号和第12526566号注册商标的持有人,并于2015年10

月 23 日授权微信保健品公司无偿使用上述两个含有微信字样的商标。在微信公司的官网首页上醒目地标有其公司名称、全国服务热线等信息,在"产品分类"网页上有其公司名称、罐装生榨椰子汁、瓶装生榨椰子汁和产品外包装图片;在"微信公司—产品展示—火爆食品饮料招商网[5888.TV]"网页上有"微信单品系列""微信箱装系列"原浆粗粮产品的图片等,其中罐装产品及外包装箱上使用了与腾讯公司"微信及图"高度近似的标识,瓶装产品上使用了"微信加五角星"商标,在大桶水产品上使用了"微信矿泉"商标。

2016 年 11 月 29 日,腾讯科技公司委托律师向微信保健品公司电子邮箱发送了律师函,敦促微信保健品公司停止在企业名称中使用"微信"字号。

腾讯科技公司认为,微信保健品公司在公司名称中使用"微信"字样作为企业字号使用,官方网站名称未经授权使用"微信"字样,在官方网站、第三方网站上对侵权产品用于广告宣传、招商、销售,存在攀附、利用原告商标知名度的行为,构成对原告的商标侵权和不正当竞争,将微信保健品公司起诉至安徽省合肥市中级人民法院。

微信保健品公司辩称依法享有企业名称权,其使用"微信"商标的商品与腾讯科技公司注册商标核定使用的商品范围不同,不会误导相关公众,其企业名称所指示的产品与腾讯科技公司注册商标核定使用的服务项目既不相同也不类似,腾讯科技公司的驰名商标不足以扩大保护到与之毫无关联的食品饮料类产品上,要求驳回腾讯科技公司的诉讼请求。

腾讯科技公司提出诉讼请求:①依法判令被告立即停止在公司名称中使用"微信"字样,并向当地市场监管局申请变更公司名称中的"微信"字样;②依法判令被告立即停止侵害其商标权的行为和不正当竞争行为,包括在其网站、办公场所等处不得使用"微信"字样、类似于"微信及图"的商标图形,停止生产和销售并且召回带有"微信"字样、类似于"微信及图"商标的商品;③依法判令被告在其官方网站显著位置、安徽新安晚报首页、法制日报就其侵权行为刊登不少于 7 日的赔礼道歉声明,以消除影响;④依法判令被告赔偿其经济损失及维权合理开支共计 100 万元;⑤本案诉讼费由被告承担。①

二、案件焦点与法理评析

本案的主要焦点为:其一,微信保健品公司在其产品上使用"微信及图"商标是否侵犯了腾讯科技公司的注册商标专用权;其二,微信保健品公司在企业名称中使用"微信"字样是否对腾讯科技公司构成不正当竞争。一审法院和二审法院对此进行了解释。

其一,微信保健品公司在其产品上使用"微信及图"商标侵犯了腾讯科技公司的注册商标专用权。根据《中华人民共和国商标法》第二条的规定,商标注册人享有商标专用权,受法律保护。根据《最高人民法院关于审理注册商标、企业名称与在先权利冲突的民事纠纷案件若干问题的规定》第一条第二款的规定,原告以他人超出核定商品的范围或者以改变显著特征、拆分、组合等方式使用的注册商标,与其注册商标相同或者近似为由提起诉讼的,人民法院应当受理。根据《中华人民共和国商标法》第十三条第三款的规定,在不相同或者不类似

---

① 该案件的介绍与评析内容来自:安徽省合肥市中级人民法院民事判决书(2017)皖 01 民初 526 号;安徽省高级人民法院民事判决书(2018)皖民终 409 号。

商品申请注册的商标是复制、摹仿或者翻译他人已经在中国注册的驰名商标,误导公众,致使该驰名商标注册人的利益可能受到损害的,不予注册并禁止使用。

本案中,微信保健品公司在被控侵权产品上使用了与腾讯科技公司注册商标高度近似的商标标识及未经注册的"微信矿泉"商标、"微信及五角星"组合商标,而"微信"二字是该两件未注册商标的核心部分,具有区分商品来源的作用,微信保健品公司的行为属于《最高人民法院关于审理商标民事纠纷案件适用法律若干问题的解释》第一条第二项规定的摹仿他人驰名商标在不相同商品上作为商标使用、误导公众、致使驰名商标注册人利益可能受到损害的行为,构成对腾讯科技公司"微信及图"驰名商标的侵害,应当承担停止侵权的民事责任。

其二,微信保健品公司在企业名称中使用"微信"字样构成不正当竞争。《中华人民共和国商标法》第五十八条规定:"将他人注册商标、未注册的驰名商标作为企业名称中的字号使用,误导公众,构成不正当竞争行为的,依照《中华人民共和国反不正当竞争法》处理。"竞争关系的构成并不仅仅存在于同行业之间,只要经营者的行为可能给其他经营者造成损害且经营者可能基于该行为获得现实或潜在的经济利益,则应认定该经营者与其他经营者存在竞争关系。

腾讯科技公司的"微信"即时通信服务实际投入使用是在 2010 年 1 月 21 日,在微信保健品公司成立之时,腾讯科技公司的"微信"即时通信服务已经通过海量用户的长期使用与腾讯科技公司建立起稳定的联系,其"微信及图"商标标识也家喻户晓、广为人知。从字面意思看,"微信"二字与通信联系密切,而与保健品、食品饮料等商品毫无关联。故微信保健品公司作为后成立的企业,在选择其企业名称中的字号时应对腾讯科技公司的即时通信服务名称"微信""微信及图"驰名商标中的文字部分进行合理避让,避免相关公众误认为微信保健品公司与腾讯科技公司存在许可使用、关联企业等特定联系。微信保健品公司将"微信"二字用于其企业名称进行登记,主观上具有攀附腾讯科技公司"微信"即时通信服务和"微信及图"商标知名度的故意,违反了诚实信用和公平竞争原则,构成不正当竞争,应当承担停止侵权的民事责任。

三、判决结果

2017 年 12 月 13 日,一审法院判决如下:

(1) 安徽微信保健品有限公司立即停止对腾讯科技(深圳)有限公司的不正当竞争行为,包括在其公司名称中停止使用"微信"字样、在其网站停止使用类似于"微信及图"的商标图形。

(2) 安徽微信保健品有限公司立即停止生产和销售标有"微信"字样、类似于"微信及图"商标的商品,并于本判决发生法律效力之日起十日内召回标识有标有"微信"字样、"微信及图"的商品。

(3) 安徽微信保健品有限公司于本判决发生法律效力之日起十日内,一次性赔偿腾讯科技(深圳)有限公司经济损失及合理开支 25 万元。

（4）驳回腾讯科技（深圳）有限公司的其他诉讼请求。

宣判后，被告微信保健品公司不服一审判决，向安徽省高级人民法院提起上诉。2018年7月12日开庭当日，双方当庭未提交新证据，2018年7月24日法院作出终审判决：驳回上诉，维持原判。

四、审理时主要参阅的法条

①《中华人民共和国反不正当竞争法》①。

第五条　经营者不得采用下列不正当手段从事市场交易，损害竞争对手：

（一）假冒他人的注册商标；

（二）擅自使用知名商品特有的名称、包装、装潢，或者使用与知名商品近似的名称、包装、装潢，造成和他人的知名商品相混淆，使购买者误认为是该知名商品；

（三）擅自使用他人的企业名称或者姓名，引人误认为是他人的商品；

（四）在商品上伪造或者冒用认证标志、名优标志等质量标志，伪造产地，对商品质量作引人误解的虚假表示。

第二十条　经营者违反本法规定，给被侵害的经营者造成损害的，应当承担损害赔偿责任，被侵害的经营者的损失难以计算的，赔偿额为侵权人在侵权期间因侵权所获得的利润；并应当承担被侵害的经营者因调查该经营者侵害其合法权益的不正当竞争行为所支付的合理费用。

被侵害的经营者的合法权益受到不正当竞争行为损害的，可以向人民法院提起诉讼。

②《中华人民共和国商标法》②。

第十三条　为相关公众所熟知的商标，持有人认为其权利受到侵害时，可以依照本法规定请求驰名商标保护。

就相同或者类似商品申请注册的商标是复制、摹仿或者翻译他人未在中国注册的驰名

---

① 《中华人民共和国反不正当竞争法（1993年版）》（以下简称《反不正当竞争法》）于2017年11月4日、2019年4月23日两次修正，《反不正当竞争法（2019年版）》于2019年4月23日施行。其中《反不正当竞争法（1993年版）》第五条对应《反不正当竞争法（2019年版）》第六条，其第六条修改如下："经营者不得实施下列混淆行为，引人误认为是他人商品或者与他人存在特定联系：（一）擅自使用与他人有一定影响的商品名称、包装、装潢等相同或者近似的标识；（二）擅自使用他人有一定影响的企业名称（包括简称、字号等）、社会组织名称（包括简称）、姓名（包括笔名、艺名、译名等）；（三）擅自使用他人有一定影响的域名主体部分、网站名称、网页等；（四）其他足以引人误认为是他人商品或者与他人存在特定联系的混淆行为。"第二十条对应《反不正当竞争法（2019年版）》第十七条，其第十七条修改如下："经营者违反本法规定，给他人造成损害的，应当依法承担民事责任。经营者的合法权益受到不正当竞争行为损害的，可以向人民法院提起诉讼。因不正当竞争行为受到损害的经营者的赔偿数额，按照其因被侵权所受到的实际损失确定；实际损失难以计算的，按照侵权人因侵权所获得的利益确定。经营者恶意实施侵犯商业秘密行为，情节严重的，可以在按照上述方法确定数额的一倍以上五倍以下确定赔偿数额。赔偿数额还应当包括经营者为制止侵权行为所支付的合理开支。经营者违反本法第六条、第九条规定，权利人因被侵权所受到的实际损失、侵权人因侵权所获得的利益难以确定的，由人民法院根据侵权行为的情节判决给予权利人五百万元以下的赔偿。"

② 《中华人民共和国商标法（2013年版）》（以下简称《商标法》）于2019年4月23日修正，《商标法（2019年版）》于2019年4月23日施行。其中《商标法（2013年版）》第十三条对应《商标法（2019年版）》第十三条，第五十八条对应第五十八条，上述法条在《商标法（2019年版）》中并未有相应修改。

商标,容易导致混淆的,不予注册并禁止使用。

就不相同或者不相类似商品申请注册的商标是复制、摹仿或者翻译他人已经在中国注册的驰名商标,误导公众,致使该驰名商标注册人的利益可能受到损害的,不予注册并禁止使用。

第五十八条 将他人注册商标、未注册的驰名商标作为企业名称中的字号使用,误导公众,构成不正当竞争行为的,依照《中华人民共和国反不正当竞争法》处理。

③《最高人民法院关于审理涉及驰名商标保护的民事纠纷案件应用法律若干问题的解释》①。

第十条 原告请求禁止被告在不相类似商品上使用与原告驰名的注册商标相同或者近似的商标或者企业名称的,人民法院应当根据案件具体情况,综合考虑以下因素后作出裁判:

(一)该驰名商标的显著程度;
(二)该驰名商标在使用被诉商标或者企业名称的商品的相关公众中的知晓程度;
(三)使用驰名商标的商品与使用被诉商标或者企业名称的商品之间的关联程度;
(四)其他相关因素。

④《最高人民法院关于审理不正当竞争民事案件应用法律若干问题的解释》②。

第一条 在中国境内具有一定的市场知名度,为相关公众所知悉的商品,应当认定为反不正当竞争法第五条第(二)项规定的"知名商品"。人民法院认定知名商品,应当考虑该商品的销售时间、销售区域、销售额和销售对象,进行任何宣传的持续时间、程度和地域范围,作为知名商品受保护的情况等因素,进行综合判断。原告应当对其商品的市场知名度负举证责任。

在不同地域范围内使用相同或者近似的知名商品特有的名称、包装、装潢,在后使用者能够证明其善意使用的,不构成反不正当竞争法第五条第(二)项规定的不正当竞争行为。因后来的经营活动进入相同地域范围而使其商品来源足以产生混淆,在先使用者请求责令在后使用者附加足以区别商品来源的其他标识的,人民法院应当予以支持。

第十七条 确定反不正当竞争法第十条规定的侵犯商业秘密行为的损害赔偿额,可以

---

① 《最高人民法院关于审理涉及驰名商标保护的民事纠纷案件应用法律若干问题的解释(2009年版)》于2020年12月23日修正,《最高人民法院关于审理涉及驰名商标保护的民事纠纷案件应用法律若干问题的解释(2020年版)》于2021年1月1日施行。其中《最高人民法院关于审理涉及驰名商标保护的民事纠纷案件应用法律若干问题的解释(2009年版)》第十条对应《最高人民法院关于审理涉及驰名商标保护的民事纠纷案件应用法律若干问题的解释(2020年版)》第十条,该法条未做修改。

② 《最高人民法院关于审理不正当竞争民事案件应用法律若干问题的解释》于2022年3月22日废止,《最高人民法院关于适用〈中华人民共和国反不正当竞争法〉若干问题的解释》于2022年3月22日施行。其中《最高人民法院关于审理不正当竞争民事案件应用法律若干问题的解释》第一条对应《最高人民法院关于适用〈中华人民共和国反不正当竞争法〉若干问题的解释》第四条,其第四条修改如下:"具有一定的市场知名度并具有区别商品来源的显著特征的标识,人民法院可以认定为反不正当竞争法第六条规定的'有一定影响的'标识。人民法院认定反不正当竞争法第六条规定的标识是否具有一定的市场知名度,应当综合考虑中国境内相关公众的知悉程度,商品销售的时间、区域、数额和对象,宣传的持续时间、程度和地域范围,标识受保护的情况等因素。"第十七条对应《最高人民法院关于适用〈中华人民共和国反不正当竞争法〉若干问题的解释》第二十三条,其第二十三条修改如下:"对于反不正当竞争法第二条、第八条、第十一条、第十二条规定的不正当竞争行为,权利人因被侵权所受到的实际损失、侵权人因侵权所获得的利益难以确定,当事人主张依据反不正当竞争法第十七条第四款确定赔偿数额的,人民法院应予支持。"

参照确定侵犯专利权的损害赔偿额的方法进行;确定反不正当竞争法第五条、第九条、第十四条规定的不正当竞争行为的损害赔偿额,可以参照确定侵犯注册商标专用权的损害赔偿额的方法进行。

因侵权行为导致商业秘密已为公众所知悉的,应当根据该项商业秘密的商业价值确定损害赔偿额。商业秘密的商业价值,根据其研究开发成本、实施该项商业秘密的收益、可得利益、可保持竞争优势的时间等因素确定。

案例 5.2　在同类商品上使用他人未注册驰名商标构成商标侵权——商务印书馆有限公司与华语教学出版社有限责任公司侵犯商标权案

一、案情简介

未注册的驰名商标是否可以被使用,是否构成侵犯商标权?商务印书馆有限公司与华语教学出版社有限责任公司关于"新华字典"商标权的使用争议便是关于这个问题的。

商务印书馆有限公司(简称商务印书馆)创立于1897年,是一家文化出版机构。1957年6月,商务印书馆出版了其第1版《新华字典》(即"商务新1版")。自此,《新华字典》开始由商务印书馆连续出版至今。《新华字典》是第一部现代汉语字典,也是第一部以白话释义和举例的普及性小型汉语工具书。2010—2015年,商务印书馆出版的《新华字典》在字典类图书市场的平均占有率超过50%。

商务印书馆发现华语教学出版社有限责任公司(简称华语出版社)擅自生产和销售打着"新华字典"名义的辞书,例如:实用《新华字典》(全新版)、实用《新华字典》(修订本)、学生《新华字典》(双色全新版)、学生《新华字典》(全新大字本)、小学生《新华字典》(全新版)、学生《新华字典》(精编本)、学生《新华字典》(精编大字本)、《新华字典》(图解版)、学生实用《新华字典》(全新版)、小学生《新华字典》(精编插图本)等,而且,华语出版社的部分字典与商务印书馆在先出版的《新华字典》(第11版)特有的包装装潢上高度近似。

商务印书馆认为华语出版社的行为侵害了其"新华字典"未注册驰名商标,还因使用商务印书馆《新华字典》(第11版)的特有包装装潢而构成不正当竞争。华语出版社称,商务印书馆无权就"新华字典"主张商标权益,"新华字典"已成为辞书通用名称,商务印书馆无权禁止他人正当使用,商务印书馆涉案《新华字典》(第11版)的装潢不属于《反不正当竞争法》第五条第(二)项规定的"特有装潢",不会使购买者产生混淆或误认,商务印书馆的诉讼具有不正当性。

商务印书馆提出诉讼请求:①判令华语出版社立即停止使用商务印书馆的未注册驰名商标"新华字典",并禁止华语出版社在辞书产品上使用与商务印书馆未注册驰名商标"新华字典"相同或近似的商标;②判令华语出版社立即停止不正当竞争行为,并禁止其生产和销售与商务印书馆《新华字典》(第11版)的特有包装装潢相同或近似的辞书;③判令华语出版社在《中国新闻出版广电报》《中国知识产权报》上,以及其官方网站首页等发布声明,消除因涉案侵权行为给商务印书馆带来的负面影响;④判令华语出版社赔偿商务印书馆经济损失300万元;⑤判令华语出版社赔偿商务印书馆维权合理支出40万元。①

二、案件焦点与法理评析

本案件的主要焦点在于:其一,涉案"新华字典"是否构成未注册驰名商标?其二,如果"新华字典"构成未注册驰名商标,华语出版社实施的被诉行为是否构成侵权?

法院对此进行了解释。

其一,涉案"新华字典"构成未注册驰名商标。

根据《最高人民法院关于审理涉及驰名商标保护的民事纠纷案件应用法律若干问题的解释》第一条规定,驰名商标是指在中国境内为相关公众广为知晓的商标。第二条规定,以违反商标法第十三条的规定为由,提起的侵犯商标权诉讼,人民法院根据案件具体情况,认为确有必要的,对所涉商标是否驰名作出认定。

首先,"新华字典"具备商标的显著特征。显著识别性是商标的基本特征,是一个标志可以作为商标的基本属性。只有具有显著特征的标识才能发挥区别商品来源的作用,进而可以作为商标注册或保护。本案中,"新华字典"标识在商务印书馆出版的《新华字典》辞书商品上经过长期、广泛地使用已经使得消费者能够将其与商务印书馆产生对应关系的认知,且这种对应关系得到一贯性的认可和保持,在市场上已经形成了稳定的市场格局,且在相关生产者、经营者及消费者中形成了稳定的认知联系,"新华字典"属于兼具产品和品牌混合属性的商品名称,在市场上已经产生具有指示商品来源的意义和作用。因此,法院认定"新华字典"具有商标的显著特征,能够识别商品来源。

其次,"新华字典"构成未注册驰名商标。《最高人民法院关于审理涉及驰名商标保护的民事纠纷案件应用法律若干问题的解释》第五条规定:"当事人主张商标驰名的,应当根据案件具体情况,提供下列证据,证明被诉侵犯商标权或者不正当竞争行为发生时,其商标已属驰名:(一)使用该商标的商品的市场份额、销售区域、利税等;(二)该商标的持续使用时间;(三)该商标的宣传或者促销活动的方式、持续时间、程度、资金投入和地域范围;(四)该商标曾被作为驰名商标受保护的记录;(五)该商标享有的市场声誉;(六)证明该商标已属驰名的其他事实。前款所涉及的商标使用的时间、范围、方式等,包括其核准注册前持续使用的情形。"从相关公众对涉案"新华字典"的知晓程度来看,"新华字典"已经在全国范围内被相关公众广为知晓。从商务印书馆使用"新华字典"持续的时间和销售数量来看,"新华字典"近60年间已经在全国范围内销售数亿册,销售量巨大,销售范围非常广泛。从商务印书馆对"新华字典"进行宣传所持续的时间、程度和地理范围来看,"新华字典"已经获得较大的影响

---

① 该案件的介绍与评析内容来自:北京知识产权法院民事判决书(2016)京73民初277号。

力和较高的知名度。综合以上因素,可以认定"新华字典"构成未注册驰名商标。

最后,商务印书馆可以就"新华字典"主张未注册驰名商标。至被诉行为发生之时,"新华字典"标识尚未获准商标注册,但"新华字典"经过商务印书馆的使用已经达到驰名商标的程度,应该得到《中华人民共和国商标法》的保护。将"新华字典"作为商务印书馆的未注册驰名商标给予保护,不仅是对于之前商务印书馆在经营"新华字典"辞书商品中所产生的识别来源作用和凝结的商誉给予保护,更是通过商标保护的方式使其承担商品质量保障的法定义务和社会责任。这不仅不会损害知识的传播,相反,为了维护"新华字典"良好的品牌商誉,商务印书馆对其出版、发行的标有"新华字典"标识的辞书更会注重提升品质,促进知识的广泛传播。

其二,"新华字典"构成未注册驰名商标,华语出版社实施的被诉行为构成侵权。《商标法》第十三条第二款规定,就相同或者类似商品申请注册的商标是复制、摹仿或者翻译他人未在中国注册的驰名商标,容易导致混淆的,不予注册并禁止使用。《最高人民法院关于审理商标民事纠纷案件适用法律若干问题的解释》第二条规定,复制、摹仿、翻译他人未在中国注册的驰名商标或者主要部分,在相同或者类似商品上作为商标使用,容易导致混淆的,应当承担停止侵害的民事法律责任。《最高人民法院关于审理涉及驰名商标保护的民事纠纷案件应用法律若干问题的解释》第九条规定,足以使相关公众对使用驰名商标和被诉商标的商品来源产生误认,或者足以使相关公众认为使用驰名商标和被诉商标的经营者之间具有许可使用、关联企业关系等特定联系的,属于《商标法》第十三条规定的"容易导致混淆"。本案中,商务印书馆和华语出版社使用"新华字典"的商品均为第16类辞书,属于相同商品,且华语出版社在其出版的字典上使用了与商务印书馆未注册驰名商标"新华字典"完全相同的商标,该行为属于以复制的方式使用商务印书馆的未注册驰名商标,华语出版社在字典上使用"新华字典"构成复制他人未注册驰名商标的侵权行为。

三、判决结果

2017年12月28日,法院判决如下:

(1) 被告华语教学出版社有限责任公司立即停止使用原告商务印书馆有限公司的"新华字典"未注册驰名商标的行为。

(2) 被告华语教学出版社有限责任公司立即停止使用与原告商务印书馆有限公司《新华字典》(第11版)知名商品的特有装潢相同或近似装潢的不正当竞争行为。

(3) 被告华语教学出版社有限责任公司在网站上发布声明,消除因本案侵权行为给原告商务印书馆有限公司造成的不良影响。

(4) 被告华语教学出版社有限责任公司于本判决生效之日起十日内向原告商务印书馆有限公司赔偿经济损失300万元及合理费用277989.2元。

(5) 驳回原告商务印书馆有限公司的其他诉讼请求。

四、审理时主要参阅的法条

①《中华人民共和国商标法》①。

第十三条（见案例 5.1）。

第十四条　驰名商标应当根据当事人的请求，作为处理涉及商标案件需要认定的事实进行认定。认定驰名商标应当考虑下列因素：

（一）相关公众对该商标的知晓程度；

（二）该商标使用的持续时间；

（三）该商标的任何宣传工作的持续时间、程度和地理范围；

（四）该商标作为驰名商标受保护的记录；

（五）该商标驰名的其他因素。

在商标注册审查、工商行政管理部门查处商标违法案件过程中，当事人依照本法第十三条规定主张权利的，商标局根据审查、处理案件的需要，可以对商标驰名情况作出认定。

在商标争议处理过程中，当事人依照本法第十三条规定主张权利的，商标评审委员会根据处理案件的需要，可以对商标驰名情况作出认定。

在商标民事、行政案件审理过程中，当事人依照本法第十三条规定主张权利的，最高人民法院指定的人民法院根据审理案件的需要，可以对商标驰名情况作出认定。

生产、经营者不得将"驰名商标"字样用于商品、商品包装或者容器上，或者用于广告宣传、展览以及其他商业活动中。

②《中华人民共和国反不正当竞争法》。

第五条和第二十条（见案例 5.1）。

③《最高人民法院关于审理商标民事纠纷案件适用法律若干问题的解释》②。

第二条　依据商标法第十三条第一款的规定，复制、摹仿、翻译他人未在中国注册的驰名商标或其主要部分，在相同或者类似商品上作为商标使用，容易导致混淆的，应当承担停止侵害的民事法律责任。

---

① 《商标法（2013 年版）》于 2019 年 4 月 23 日修正，《商标法（2019 年版）》于 2019 年 4 月 23 日施行。其中《商标法（2013 年版）》第十三条对应《商标法（2019 年版）》第十三条，第十四条对应第十四条，上述法条在《商标法（2019 年版）》中并未有相应修改。

② 《最高人民法院关于审理商标民事纠纷案件适用法律若干问题的解释（2002 年版）》于 2020 年 12 月 29 日修正，《最高人民法院关于审理商标民事纠纷案件适用法律若干问题的解释（2020 年版）》于 2021 年 1 月 1 日施行。其中《最高人民法院关于审理商标民事纠纷案件适用法律若干问题的解释（2002 年版）》第二条对应《最高人民法院关于审理商标民事纠纷案件适用法律若干问题的解释（2020 年版）》第二条，其第二条修改如下："依据商标法第十三条第二款的规定，复制、摹仿、翻译他人未在中国注册的驰名商标或其主要部分，在相同或者类似商品上作为商标使用，容易导致混淆的，应当承担停止侵害的民事法律责任。"第十四条对应《最高人民法院关于审理商标民事纠纷案件适用法律若干问题的解释（2020 年版）》第十四条，其第十四条修改如下："商标法第六十三条第一款规定的侵权所获得的利益，可以根据侵权商品销售量与该商品单位利润乘积计算；该商品单位利润无法查明的，按照注册商标商品的单位利润计算。"

第十四条 商标法第五十六条第一款规定的侵权所获得的利益,可以根据侵权商品销售量与该商品单位利润乘积计算;该商品单位利润无法查明的,按照注册商标商品的单位利润计算。

④《最高人民法院关于审理涉及驰名商标保护的民事纠纷案件应用法律若干问题的解释》①。

第九条 足以使相关公众对使用驰名商标和被诉商标的商品来源产生误认,或者足以使相关公众认为使用驰名商标和被诉商标的经营者之间具有许可使用、关联企业关系等特定联系的,属于商标法第十三条第一款规定的"容易导致混淆"。

足以使相关公众认为被诉商标与驰名商标具有相当程度的联系,而减弱驰名商标的显著性、贬损驰名商标的市场声誉,或者不正当利用驰名商标的市场声誉的,属于商标法第十三条第二款规定的"误导公众,致使该驰名商标注册人的利益可能受到损害"。

第十二条 当事人请求保护的未注册驰名商标,属于商标法第十条、第十一条、第十二条规定不得作为商标使用或者注册情形的,人民法院不予支持。

⑤《最高人民法院关于审理不正当竞争民事案件应用法律若干问题的解释》。

第一条(见案例5.1)。

第四条② 足以使相关公众对商品的来源产生误认,包括误认为与知名商品的经营者具有许可使用、关联企业关系等特定联系的,应当认定为反不正当竞争法第五条第(二)项规定的"造成和他人的知名商品相混淆,使购买者误认为是该知名商品"。

在相同商品上使用相同或者视觉上基本无差别的商品名称、包装、装潢,应当视为足以造成和他人知名商品相混淆。

认定与知名商品特有名称、包装、装潢相同或者近似,可以参照商标相同或者近似的判断原则和方法。

---

① 《最高人民法院关于审理涉及驰名商标保护的民事纠纷案件应用法律若干问题的解释(2009年版)》于2020年12月23日修正,《最高人民法院关于审理涉及驰名商标保护的民事纠纷案件应用法律若干问题的解释(2020年版)》于2021年1月1日施行。其中《最高人民法院关于审理涉及驰名商标保护的民事纠纷案件应用法律若干问题的解释(2009年版)》第九条对应《最高人民法院关于审理涉及驰名商标保护的民事纠纷案件应用法律若干问题的解释(2020年版)》第九条,其第九条修改如下:"足以使相关公众对使用驰名商标和被诉商标的商品来源产生误认,或者足以使相关公众认为使用驰名商标和被诉商标的经营者之间具有许可使用、关联企业关系等特定联系的,属于商标法第十三条第二款规定的'容易导致混淆'。足以使相关公众认为被诉商标与驰名商标具有相当程度的联系,而减弱驰名商标的显著性、贬损驰名商标的市场声誉,或者不正当利用驰名商标的市场声誉的,属于商标法第十三条第三款规定的'误导公众,致使该驰名商标注册人的利益可能受到损害'。"第十二条对应《最高人民法院关于审理涉及驰名商标保护的民事纠纷案件应用法律若干问题的解释(2020年版)》第十二条,该法条在《最高人民法院关于审理涉及驰名商标保护的民事纠纷案件应用法律若干问题的解释(2020年版)》中并未有相应修改。

② 对应《最高人民法院关于适用〈中华人民共和国反不正当竞争法〉若干问题的解释》第十二条,其第十二条修改如下:"人民法院认定与反不正当竞争法第六条规定的'有一定影响的'标识相同或者近似,可以参照商标相同或者近似的判断原则和方法。反不正当竞争法第六条规定的'引人误认为是他人商品或者与他人存在特定联系',包括误认为与他人具有商业联合、许可使用、商业冠名、广告代言等特定联系。在相同商品上使用相同或者视觉上基本无差别的商品名称、包装、装潢等标识,应当视为足以造成与他人有一定影响的标识相混淆。"

案例 5.3　使用与驰名商标相同或相似的商标构成侵权——北京字节跳动科技有限公司、北京微播视界科技有限公司与周口市亿达食品有限公司、姑苏区大小白零食店侵害商标权纠纷

一、案情简介

为众人所知的商标具有较高的辨识度，容易获得大家的认可，使用这些商标可以为企业带来商业利益，如果某企业销售一些攀附知名商标的商品，是否构成侵权呢？北京字节跳动科技有限公司、北京微播视界科技有限公司与周口市亿达食品有限公司、姑苏区大小白零食店纠纷案回答了这一问题。

北京字节跳动科技有限公司（简称字节跳动公司）是一家移动互联网公司，成立于2012年3月。北京微播视界科技有限公司（简称微播视界公司）成立于2016年3月。2016年11月，字节跳动公司将其申请中部分"抖音"商标于2016年11月11日至2027年12月27日授权微播视界公司在中国大陆地区独家专有使用，并授权其负责处理商标确权、维权等全部事宜。

被告周口市亿达食品有限公司（简称亿达公司）成立于2015年4月，注册资本为1000万元，经营范围为食品生产销售。被告姑苏区大小白零食店为虞某兰所设立的个体工商户，注册资金2万元，经营范围为预包装食品、日用百货零售。位于江苏省苏州市的大小白零食店，出售"爱抖音干脆面"，该产品外包装上部显著位置标注"爱抖音"标识，下方还配有诸如"一入抖音深似海全国抖友贺电来""春风吹杨柳敢问是段友（抖友）""确认过眼神我遇上对的人"等标语，中部标注"正式加入组织全国抖友走起"标语，包装下部为一带有抖动效果的人物形象以及"爱抖音"字样。背面产品信息栏标注委托方为亿达公司。

字节跳动公司、微播视界公司提出诉讼请求，请求判令：①亿达公司立即停止侵犯原告注册商标权及不正当竞争行为，包括立即停止生产、委托生产、销售、宣传被诉侵权的"抖音"干脆面系列产品；②大小白零食店立即停止侵犯原告注册商标权以及不正当竞争行为，立即停止销售被诉侵权的"抖音"干脆面系列产品；③亿达公司在《新京报》《中国知识产权报》《中国工商报》《法制日报》等报纸及新浪、网易、搜狐等网站上刊登声明，消除影响；④判令亿达公司赔偿原告经济损失暂计人民币300万元，大小白零食在5万元的范围内承担连带责任；⑤判令两被告承担原告为制止其商标侵权及不正当竞争行为而支出的调查费、公证费、律师费等合理费用260466元；⑥判令两被告承担本案的诉讼费用。

2017年12月28日，字节跳动公司经国家工商行政管理总局商标局核准，取得"抖音"商标，字节跳动公司主张上述商标进行驰名商标跨类保护。在本案诉讼过程中，字节跳动公司

还先后取得了抖音文字商标以及抖音文字图形组合商标在多个类别上的注册商标权。①

二、案件焦点与法理评析

本案件的主要焦点在于：其一，被诉侵权产品的标识是否构成对涉案注册商标权的侵害；其二，被诉侵权行为是否构成不正当竞争。

法院对此进行了解释。

其一，被诉侵权产品的标识构成对涉案注册商标权的侵害。两原告所主张保护的涉案商标涉及计算机软件产品、信息传送以及在线社交网络服务等类别，而本案被诉侵权产品为方便食品，两者属于不同类别，故判定是否侵害注册商标权的前提则在于本案是否需要认定涉案商标为驰名商标，并据此进行相应的跨类保护。

首先，涉案"抖音"商标客观上已具有较高的知名度，为公众所熟知。"抖音短视频"自推向市场后，依托于强大的技术背景和成功的商业运营，加之两原告大量的宣传和推广，其迅速积累了众多用户并吸引了国内外知名媒体的广泛关注，为广大消费者所熟知，具有被认定为驰名商标的事实基础。

其次，本案具备认定驰名商标的必要性。《最高人民法院关于审理涉及驰名商标保护的民事纠纷案件应用法律若干问题的解释》第九条第二款规定：足以使相关公众认为被诉商标与驰名商标具有相当程度的联系，而减弱驰名商标的显著性、贬损驰名商标的市场声誉，或者不正当利用驰名商标的市场声誉的，属于商标法第十三条第二款规定的"误导公众，致使该驰名商标注册人的利益可能受到损害"。本案中，"抖音"商标为臆造词汇，本身具有较强的显著性，被诉侵权产品使用"爱抖音"标识，其中发挥识别作用的部分为抖音二字，与涉案主张保护的抖音商标相同，即使从"爱抖音"标识整体而言，亦与涉案"抖音"商标属高度近似。并且"抖音短视频"作为一款社交娱乐类软件，其受众为一般普通消费者，与被诉侵权产品的消费对象存在大量重合，被诉侵权产品使用"爱抖音"作为其产品标识并标注于显著位置，该标识实际发挥了识别产品来源的功能，消费者看到该标识即容易联想到"抖音"商标及其权利人，其行为主观上属不正当地利用和搭载了"抖音"商标事实上所具有的强大市场声誉和市场影响力，从而达到其吸引消费者关注和消费的目的，客观上亦会割裂"抖音"商标与权利人之间所建立的唯一指向性联系，进而损害两原告作为抖音商标的权利人所享有的合法权益，因而具备了依照《商标法》第十三条进行驰名商标保护的必要。

综上所述，本案中，由于被诉侵权行为发生时涉案"抖音"商标已实际处于驰名状态，可以获得与其知名度相对应的跨类保护。被诉侵权产品在显著位置使用"爱抖音"标识，其中完整包含了"抖音"商标，属于复制模仿原告已注册的驰名商标，误导公众，致使两原告利益可能受到损害，侵犯了原告涉案"抖音"注册商标权。

其二，攀附"抖音"商标的知名度构成不正当竞争。本案中，被诉侵权产品，在外包装上标注了"抖音短视频"特有的音符标志，同时将抖音用户对自己的昵称"抖友"、抖音宣传图

---

① 该案件的介绍与评析内容来自：江苏省苏州市中级人民法院民事判决书（2018）苏05民初1268号；江苏省高级人民法院民事裁定书（2020）苏民终1号。

片、热门歌曲歌词等与"抖音"密切相关的元素一并使用于产品包装,其主观上显然意在借助"抖音"商标强大的市场影响力,攀附"抖音"商标的知名度,客观上也容易导致消费者产生不当联想,误认为被诉侵权产品与两原告间存在特定联系,属于反不正当竞争法所规定的其他足以引人误认为是他人商品或者与他人存在特定联系的行为,构成不正当竞争。

三、判决结果

2019年10月15日,法院作出判决如下:

(1)被告周口市亿达食品有限公司、姑苏区大小白零食店立即停止侵害涉案注册商标权及不正当竞争行为。

(2)被告周口市亿达食品有限公司于本判决生效之日起三十日内在《中国工商报》刊登声明,消除影响。

(3)被告周口市亿达食品有限公司于本判决生效之日起十日内赔偿原告北京字节跳动科技有限公司、北京微播视界科技有限公司经济损失50万元。

(4)被告周口市亿达食品有限公司于本判决生效之日起十日内赔偿原告北京字节跳动科技有限公司、北京微播视界科技有限公司为制止本案侵权行为支付的合理费用15万元。

(5)被告姑苏区大小白零食店对被告周口市亿达食品有限公司上述第三项、第四项赔偿额在15000元范围内承担连带赔偿责任。

(6)驳回原告北京字节跳动科技有限公司、北京微播视界科技有限公司其他诉讼请求。

四、审理时主要参阅的法条

①《中华人民共和国商标法》。

第十三条和第十四条(见案例5.2)。

第五十七条 有下列行为之一的,均属侵犯注册商标专用权:

(一)未经商标注册人的许可,在同一种商品上使用与其注册商标相同的商标的;

(二)未经商标注册人的许可,在同一种商品上使用与其注册商标近似的商标,或者在类似商品上使用与其注册商标相同或者近似的商标,容易导致混淆的;

(三)销售侵犯注册商标专用权的商品的;

(四)伪造、擅自制造他人注册商标标识或者销售伪造、擅自制造的注册商标标识的;

(五)未经商标注册人同意,更换其注册商标并将该更换商标的商品又投入市场的;

(六)故意为侵犯他人商标专用权行为提供便利条件,帮助他人实施侵犯商标专用权行为的;

(七)给他人的注册商标专用权造成其他损害的。

第六十三条 侵犯商标专用权的赔偿数额,按照权利人因被侵权所受到的实际损失确定;实际损失难以确定的,可以按照侵权人因侵权所获得的利益确定;权利人的损失或者侵权人获得的利益难以确定的,参照该商标许可使用费的倍数合理确定。对恶意侵犯商标专用权,情节严重的,可以在按照上述方法确定数额的一倍以上五倍以下确定赔偿数额。赔偿数额应当包括权利人为制止侵权行为所支付的合理开支。

人民法院为确定赔偿数额,在权利人已经尽力举证,而与侵权行为相关的账簿、资料主要由侵权人掌握的情况下,可以责令侵权人提供与侵权行为相关的账簿、资料;侵权人不提供或者提供虚假的账簿、资料的,人民法院可以参考权利人的主张和提供的证据判定赔偿数额。

权利人因被侵权所受到的实际损失、侵权人因侵权所获得的利益、注册商标许可使用费难以确定的,由人民法院根据侵权行为的情节判决给予五百万元以下的赔偿。

人民法院审理商标纠纷案件,应权利人请求,对属于假冒注册商标的商品,除特殊情况外,责令销毁;对主要用于制造假冒注册商标的商品的材料、工具,责令销毁,且不予补偿;或者在特殊情况下,责令禁止前述材料、工具进入商业渠道,且不予补偿。

假冒注册商标的商品不得在仅去除假冒注册商标后进入商业渠道。

②《中华人民共和国反不正当竞争法》。

第二条 经营者在生产经营活动中,应当遵循自愿、平等、公平、诚信的原则,遵守法律和商业道德。

本法所称的不正当竞争行为,是指经营者在生产经营活动中,违反本法规定,扰乱市场竞争秩序,损害其他经营者或者消费者的合法权益的行为。

本法所称的经营者,是指从事商品生产、经营或者提供服务(以下所称商品包括服务)的自然人、法人和非法人组织。

第六条 经营者不得实施下列混淆行为,引人误认为是他人商品或者与他人存在特定联系:

(一)擅自使用与他人有一定影响的商品名称、包装、装潢等相同或者近似的标识;

(二)擅自使用他人有一定影响的企业名称(包括简称、字号等)、社会组织名称(包括简称等)、姓名(包括笔名、艺名、译名等);

(三)擅自使用他人有一定影响的域名主体部分、网站名称、网页等;

(四)其他足以引人误认为是他人商品或者与他人存在特定联系的混淆行为。

第十七条 经营者违反本法规定,给他人造成损害的,应当依法承担民事责任。

经营者的合法权益受到不正当竞争行为损害的,可以向人民法院提起诉讼。

因不正当竞争行为受到损害的经营者的赔偿数额,按照其因被侵权所受到的实际损失确定;实际损失难以计算的,按照侵权人因侵权所获得的利益确定。经营者恶意实施侵犯商业秘密行为,情节严重的,可以在按照上述方法确定数额的一倍以上五倍以下确定赔偿数额。赔偿数额还应当包括经营者为制止侵权行为所支付的合理开支。

经营者违反本法第六条、第九条规定,权利人因被侵权所受到的实际损失、侵权人因侵权所获得的利益难以确定的,由人民法院根据侵权行为的情节判决给予权利人五百万元以下的赔偿。

③《最高人民法院关于审理涉及驰名商标保护的民事纠纷案件应用法律若干问题的解释》。

第一条　本解释所称驰名商标,是指在中国境内为相关公众广为知晓的商标。

第九条(见案例5.2)。

④《最高人民法院关于审理商标民事纠纷案件适用法律若干问题的解释》①。

第十七条　商标法第五十六条第一款规定的制止侵权行为所支付的合理开支,包括权利人或者委托代理人对侵权行为进行调查、取证的合理费用。

人民法院根据当事人的诉讼请求和案件具体情况,可以将符合国家有关部门规定的律师费用计算在赔偿范围内。

第二十二条　人民法院在审理商标纠纷案件中,根据当事人的请求和案件的具体情况,可以对涉及的注册商标是否驰名依法作出认定。

认定驰名商标,应当依照商标法第十四条的规定进行。

当事人对曾经被行政主管机关或者人民法院认定的驰名商标请求保护的,对方当事人对涉及的商标驰名不持异议,人民法院不再审查。提出异议的,人民法院依照商标法第十四条的规定审查。

---

① 《最高人民法院关于审理商标民事纠纷案件适用法律若干问题的解释(2002年版)》于2020年12月29日修正,《最高人民法院关于审理商标民事纠纷案件适用法律若干问题的解释(2020年版)》于2021年1月1日施行。其中《最高人民法院关于审理商标民事纠纷案件适用法律若干问题的解释(2002年版)》第十七条对应《最高人民法院关于审理商标民事纠纷案件适用法律若干问题的解释(2020年版)》第十七条,其第十七条修改如下:"商标法第六十三条第一款规定的制止侵权行为所支付的合理开支,包括权利人或者委托代理人对侵权行为进行调查、取证的合理费用。人民法院根据当事人的诉讼请求和案件具体情况,可以将符合国家有关部门规定的律师费用计算在赔偿范围内。"第二十二条对应《最高人民法院关于审理商标民事纠纷案件适用法律若干问题的解释(2020年版)》第二十二条,该法条未做修改。

第六章 媒体与不正当竞争

媒体经营者在生产经营活动中,应当遵循自愿、平等、公平、诚信的原则,遵守法律和商业道德。如果扰乱市场竞争秩序,损害其他经营者或者消费者的合法权益,那么将会被认为是不正当竞争而受到法律的制裁。《中华人民共和国反不正当竞争法》2019年修正,共五章33条,依次为第一章总则、第二章不正当竞争行为、第三章对涉嫌不正当竞争行为的调查、第四章法律责任及第五章附则。

本章关注视频客户端屏蔽视频网的片前广告、商品营销中的"搭便车"宣传、利用不正当手段在视频网站刷量、使用知名小说中的人物名称撰写同人作品等行为,结合《中华人民共和国反不正当竞争法》等法律探讨这些行为是否构成不正当竞争、需要承担怎样的法律责任问题。

案例 6.1 视频客户端屏蔽视频网的片前广告构成不正当竞争——北京爱奇艺科技有限公司与上海真彩多媒体有限公司不正当竞争纠纷案

一、案情简介

视频内容提供者的一种盈利模式是免费向用户提供含有广告的视频内容,继而向广告主收取一定的费用。如果某公司通过技术手段去除视频中的广告,那这种行为是否是违法的?北京爱奇艺科技有限公司与上海真彩多媒体有限公司就视频客户端屏蔽视频网的片前广告问题对簿公堂。

北京爱奇艺科技有限公司(简称爱奇艺公司)系国内知名视频内容提供商,通过"爱奇艺"网站(www.iqiyi.com),爱奇艺电脑客户端,安卓、苹果等移动平台客户端,向网络用户提供视频播放服务,其主要经营模式为在视频内容播放前播放广告以收取广告费,在网站及客户端上为客户投放广告,或者向用户提供付费会员服务,会员可观看无片前广告的视频内容,通过这些收入再支付视频版权、带宽、推广等支出,以维持其正常运营。

上海真彩多媒体有限公司(简称真彩公司)成立于2003年9月25日,是"千寻影视"软件的运营者。用户使用"千寻影视"客户端播放《虎刺红》《星厨驾到》《明星到我家》《青年医生》《七年之痒》《武媚娘传奇》《何以笙箫默》《千金女贼》时,可以选择包括爱奇艺在内的几个播放源,选择爱奇艺播放源后,在缓冲时显示"正在连接到爱奇艺……",缓冲时屏幕上方会出现广告,在返回时屏幕中间会跳出广告,真彩公司认可该广告系真彩公司为客户所做。播放时,屏幕左上角有"www.iqiyi.com"字样,右下角有爱奇艺标识,但是视频没有片前广告,但用爱奇艺的客户端播放时均有片前广告。即"千寻影视"软件在苹果手机及安卓手机平台向用户提供原告网站视频,且通过"千寻影视"观看原告网站视频的用户可以完全屏蔽原告网站视频前向用户播放的广告。

爱奇艺公司请求判令:①被告立即停止在其"千寻影视"软件中链接原告网站的视频;②被告在新浪、搜狐、网易主页上刊登声明,消除影响;③被告向原告赔偿经济损失人民币1000000元,以及为制止侵权行为所支付的合理开支86000元。庭审中,原告变更其第一项诉讼请求为:判令被告立即停止在其"千寻影视"软件中以"屏蔽广告"的方式链接原告网站的视频。[①]

二、案件焦点与法理评析

本案件的主要焦点在于:其一,爱奇艺公司和真彩公司是否存在竞争关系。其二,"千寻影视"软件在抓取原告视频内容时去除片前广告,是否构成不正当竞争。

法院对这两个问题进行了解释。

其一,《反不正当竞争法》的立法目的在于维护合法有序的竞争秩序,鼓励和保护公平竞争,制止不正当竞争行为,保护经营者和消费者的合法权益。《反不正当竞争法》第二条规定,本法所称的经营者,是指从事商品经营或者营利性服务的法人、其他经济组织和个人。对于何种情况下可以界定为存在竞争关系,《反不正当竞争法》并无明确规定,而在传统经济模式下,竞争关系的范围一般在于同一商品或者服务领域的竞争者。但是随着社会经济的迅速发展,尤其是随着互联网行业的出现和蓬勃壮大,出现了很多不同于传统经济模式的经营形态。而如果竞争关系的范围囿于同一商品或者服务领域的竞争者,则难以实现《反不正当竞争法》的立法目的。因此,在新经营形态不断出现的情形下,只要双方在最终利益方面存在竞争关系,应当认定两者存在竞争关系,适用《反不正当竞争法》。

本案中,虽然从企业登记的经营范围来看,原告的经营领域主要是视频提供,而被告的经营范围是多媒体领域内的四技服务,动画、平面、工程设计,影视后期处理,以及多媒体软硬件的开发应用。两者经营范围并无交集,但被告经营的"千寻影视"软件属于提供视频的软件,该软件通过聚合提供多平台视频点播,吸引用户安装其客户端,使用"千寻影视"软件观看视频的用户越多,则被告商业利益增加越多。原、被告经营模式的核心都在于争夺通过其提供的平台观看视频的网络用户数量。由于被告的"千寻影视"软件聚合了包括原告在内的多个视频网站内容,使用"千寻影视"软件观看来源于原告的视频内容时无须观看片前广告,将导致原本需要登录原告网站或使用原告客户端观看原告视频内容的用户选择通过"千寻影视"软件观看原告视频内容,原告广告收入亦随着用户的减少而相应减少,因此,原、被

---

① 该案件的介绍与评析内容来自:上海市杨浦区人民法院/(2015)杨民三(知)初字第114号;上海知识产权法院/(2016)沪73民终54号。

告在商业利益上存在此消彼长的关系,双方也因此形成了竞争关系。

其二,被告采用技术手段在播放来源于原告的视频时屏蔽片前广告的行为构成了不正当竞争。

首先,原告在本案中享有应受保护的利益。原告经营模式是免费提供视频节目的播放服务来吸引用户,用户免费观看视频节目的代价是在视频内容播放前观看长度不等的广告,或者选择成为付费会员跳过片前广告直接观看正片。原告通过向广告主收取网页、视频前推送的广告的费用,以及向用户收取成为付费会员的会员费维系其购买版权和技术服务的支出,进而实现盈利。原告广告收入的多少取决于收看其视频节目的用户数量及视频被点击的次数。视频观看用户越多,原告网站、客户端的点击率越高,广告主投放的广告相应增加,原告盈利也随之增加。原告的经营模式既未违反现有法律规定,亦未违反商业道德,因此,原告的合法经营活动应当受到《反不正当竞争法》的保护。

其次,被告的"千寻影视"软件以技术手段屏蔽原告片前广告直接播放正片,构成不正当竞争。在法院要求下,被告仅口头陈述原告网站视频和广告来自不同链接,其软件是使用搜索功能直接链接了视频,但并未向法院展示"千寻影视"软件使用何种技术手段实现无须观看广告即能播放原告正片。对此,法院认为,通过原告的网站或客户端观看原告视频时片头均有长度不等的广告,而使用"千寻影视"软件播放时均无片前广告,反而在缓冲或者退出时出现了被告自己嵌入的广告。因此,被告无须支付版权费用、带宽成本即能使部分不愿意观看片前广告又不愿意支付原告会员费的网络用户转而使用"千寻影视"软件,挤占原告市场份额,不正当地取得竞争优势,进而将造成原告广告费以及会员费收入的减少,危及原告的正常经营,攫取了原告合法的商业利益,同时在视频播放缓冲过程中嵌入自己为客户所做的广告,为自己带来商业利益。该种竞争行为有违诚实信用原则以及公认的商业道德,属于《反不正当竞争法》第二条所规定的不正当竞争行为。

对于被告辩称其使用的技术本身是中立的,系用户自主选择的主张。法院认为,技术中立原则是指技术本身的中立,而非指任何使用技术的行为都是中立的。即使在使用中立的技术时仍然应当尊重他人的合法利益,在法律允许的边界内应用新技术,而不能以技术中立为名,违反商业道德,攫取他人的合法利益。本案中,被告并未主动向法院展示其所使用的技术手段,因此无从判断其所使用的技术本身中立与否,而即使被告使用的是中立的技术,技术本身不违法并不代表被告的使用行为不违法。被告采用技术手段不但屏蔽了原告的片前广告,还在原告视频缓冲时嵌入自己为客户所做的广告,显然超出了合法的边界。因此,对于被告有关技术中立的主张,法院不予采信。被告实施了不正当竞争行为,应当承担停止侵权、消除影响、赔偿损失的民事责任。

三、判决结果

2016年1月18日,一审法院判决如下:

(1) 被告上海真彩多媒体有限公司于本判决生效之日起立即停止在其"千寻影视"软件中以"屏蔽广告"的方式链接原告北京爱奇艺科技有限公司视频的不正当竞争行为。

(2) 被告上海真彩多媒体有限公司就其实施的不正当竞争行为在其官方网站首页上端连续72小时刊登声明,消除影响。

(3) 被告上海真彩多媒体有限公司于本判决生效之日起十日内赔偿原告北京爱奇艺科技有限公司经济损失人民币150000元及合理费用人民币30000元。

原审判决后,真彩公司不服判决,向上海知识产权法院提起上诉。

上海知识产权法院认为,原审判决认定事实清楚,适用法律正确,于2016年5月4日作出判决:驳回上诉,维持原判。

四、审理时主要参阅的法条

《中华人民共和国反不正当竞争法》[①]。

第二条　经营者在市场交易中,应当遵循自愿、平等、公平、诚实信用的原则,遵守公认的商业道德。

本法所称的不正当竞争,是指经营者违反本法规定,损害其他经营者的合法权益,扰乱社会经济秩序的行为。

本法所称的经营者,是指从事商品经营或者营利性服务(以下所称商品包括服务)的法人、其他经济组织和个人。

第二十条(见案例5.1)。

案例 6.2　商品营销中的搭便车宣传构成不正当竞争——上海玄霆娱乐信息科技有限公司与上海游族信息技术有限公司不正当竞争纠纷案

一、案情简介

利用知名商标或名称为自己的营销活动做宣传,这是否构成不正当竞争?上海玄霆娱乐信息科技有限公司与上海游族信息技术有限公司的纠纷案便回答了这一问题。

[①] 《反不正当竞争法(1993年版)》于2017年11月4日、2019年4月23日两次修正,《反不正当竞争法(2019年版)》于2019年04月23日施行。其中《反不正当竞争法(1993年版)》第二条对应《反不正当竞争法(2019年版)》第二条,其第二条修改如下:"经营者在生产经营活动中,应当遵循自愿、平等、公平、诚信的原则,遵守法律和商业道德。本法所称的不正当竞争行为,是指经营者在生产经营活动中,违反本法规定,扰乱市场竞争秩序,损害其他经营者或者消费者的合法权益的行为。本法所称的经营者,是指从事商品生产、经营或者提供服务(以下所称商品包括服务)的自然人、法人和非法人组织。"

上海玄霆娱乐信息科技有限公司(以下简称玄霆公司)系国内原创文学门户网站"起点中文网"的运营商。2010年4月,原告玄霆公司与案外人张某某(笔名"风凌天下")签订《作者作品协议》,该协议载明:"依本协议约定乙方(张某某)创作的第一部协议作品名称为异世邪君。乙方同意并确认将自本协议生效之日起三年内所创作的所有作品在全球范围内的信息网络传播权及协议作品各形式(含协议作品电子形式)的汇编权、改编权、复制权等,以及其他协议作品在全球范围内的著作权财产权利全部永久转让于甲方(玄霆公司)。"玄霆公司通过自行改编及授权第三方改编的形式行使改编权,已经推出同名网络游戏《异世邪君传》,该游戏拥有庞大的用户群,使得《异世邪君》知名度及商业价值大幅提升。

上海游族信息技术有限公司(以下简称游族公司)系网站www.youzu.com的经营者,同时也是"大侠传"游戏的运营者。2014年上半年,玄霆公司发现,在360搜索框中输入"异世邪君",点击"搜索一下"后,在进入的页面中的右下侧有关键字为"异世邪君,页游版异世邪君《大侠传》"的360推广链接。点开链接后即为www.youzu.com网站的"大侠传"游戏宣传页面,并不是"异世邪君"网络游戏。游族公司自称其游戏为页游版《异世邪君》,但实质内容却与小说完全无关。玄霆公司称《异世邪君》小说构成知名商品,其名称"异世邪君"系其特有名称,被告擅自使用该知名商品的特有名称,构成不正当竞争。

原告诉至法院,请求依法判令:①被告赔礼道歉、消除影响;②被告赔偿原告经济损失300万元;③被告承担原告为制止侵权所付出的合理费用151500元;④本案诉讼及其他费用由被告承担。审理中,原告变更诉讼请求为:①判令被告在其官方网站(www.youzu.com)首页顶部通栏位置刊登声明消除因侵权行为造成的影响;②判令被告赔偿原告经济损失50万元;③判令被告承担原告为制止侵权支出的合理费用11500元;④本案诉讼费由被告承担。①

二、案件焦点与法理评析

本案件的主要焦点在于:其一,被告的行为是否构成不正当竞争?其二,若被告的行为构成不正当竞争,则其应承担什么样相关法律责任?

法院对这两点进行了解释。

其一,游族公司的上述行为构成不正当竞争。

法院根据网络小说在内容传播、相关公众知悉程度、商誉评价与积累等方面具有一定的特殊性等因素,认定涉案小说《异世邪君》在相关公众中已具有一定的市场知名度,为相关公众所知悉,属于知名商品。"异世邪君"名称作为涉案小说的名称,是涉案小说与其他同类商品所区别的主要标志,法院认为"异世邪君"具有区别商品来源的显著特征,属于知名商品涉案小说的特有名称。

根据《中华人民共和国反不正当竞争法》的规定,擅自使用知名商品特有的名称、包装、装潢,或者使用与知名商品近似的名称、包装、装潢,造成和他人的知名商品相混淆,使购买

---

① 该案件的介绍与评析内容来自:上海市普陀区人民法院/(2016)沪0107民初1895号。

者误以为是该知名商品,属于不正当竞争行为。《最高人民法院关于审理不正当竞争民事案件应用法律若干问题的解释》(以下简称《反法司法解释》)的规定,足以使相关公众对商品的来源产生误认,包括误认为与知名商品的经营者具有许可使用、关联企业关系等特定联系的,应当认定为反不正当竞争法第五条第(二)项规定的"造成和他人的知名商品相混淆,使购买者误认为是该知名商品"。在本案中,首先,玄霆公司与游族公司均经营计算机软硬件等商品,双方存在同业竞争关系。其次,小说和网络游戏虽然在功能方面有所不同,但两者的用途都是为了丰富相关公众的文化生活,其载体都是通过互联网进行传播。而且,一般而言,经小说改编的同名网络游戏所涉及的内容、题材是基本一致的,而基于对同一内容、题材的喜欢和欣赏,两者在消费对象上亦存在极大的重合。目前,将知名小说改编为网络游戏,已经成为网络游戏经营者的一种主要经营模式。知名小说改编为网络游戏,显然可以充分利用知名小说庞大的读者群,在小说内容已被相关读者认可的基础上,聚集网络游戏运行之初的人气,增强网络游戏被相关公众的认可程度。因此,涉案小说和同名网络游戏之间在其消费对象方面显然存在极大的重合。最后,游族公司在"360搜索"网站上刻意设置关键词为"异世邪君"的推广链接,并在推广链接的标题中,以"异世邪君,页游版异世邪君《大侠传》"的陈述吸引关注涉案小说的相关公众,足以使相关公众产生涉案推广链接的游戏系来源于玄霆公司或由玄霆公司授权,涉案推广链接的游戏经营者与玄霆公司之间具有关联关系,涉案推广链接的游戏内容系改编自知名商品涉案小说《异世邪君》内容的混淆和误认。游族公司的上述行为属于刻意攀附涉案小说《异世邪君》知名商品的商誉,利用了原属于玄霆公司的竞争优势,是俗称为"搭便车"的不正当竞争行为,构成不正当竞争。

其二,侵权行为人应当承担消除影响、赔偿损失等民事责任。不正当竞争行为涉及经营者的商业信誉时,该经营者有权诉求不正当竞争者承担消除影响的责任。本案中,被告的上述不正当竞争行为误导了相关公众,对原告的商誉造成了一定的不良影响,故应当消除影响。因被告在网络上实施侵权行为,故可在其网站上刊文以消除影响,具体方式、范围及时间法院将酌情予以确定。关于赔偿经济损失及合理费用,被告通过其不正当竞争行为增加了其游戏商品的用户从而获得了一定的经济利益,对原告造成了一定的经济损失,故应当予以赔偿。鉴于原告因侵权行为遭受的实际损失、被告因侵权行为获得的经济利益均难以确定,故法院根据被告实施的涉案侵权行为的性质、侵权行为实施的期间、后果,被告的经营规模、涉案商品的知名度、原告享有权利的性质及范围等因素,酌情确定被告应承担的赔偿数额。

三、判决结果

2016年8月10日,法院判决如下:

(1) 被告上海游族信息技术有限公司应于本判决生效之日起十日内在其网站的首页显著位置刊登声明,消除其对原告上海玄霆娱乐信息科技有限公司实施不正当竞争行为而造成的不良影响。

(2) 被告上海游族信息技术有限公司应于本判决生效之日起十日内赔偿原告上海玄霆

娱乐信息科技有限公司经济损失人民币35000元。

（3）被告上海游族信息技术有限公司应于本判决生效之日起十日内赔偿原告上海玄霆娱乐信息科技有限公司合理费用人民币11500元。

（4）对原告上海玄霆娱乐信息科技有限公司的其他诉讼请求不予支持。

四、审理时主要参阅的法条

①《中华人民共和国反不正当竞争法》。

第五条（见案例5.1）。

②《最高人民法院关于审理不正当竞争民事案件应用法律若干问题的解释》。

第一条（见案例5.1）。

第二条[①] 具有区别商品来源的显著特征的商品的名称、包装、装潢，应当认定为反不正当竞争法第五条第（二）项规定的"特有的名称、包装、装潢"。有下列情形之一的，人民法院不认定为知名商品特有的名称、包装、装潢：

（一）商品的通用名称、图形、型号；

（二）仅仅直接表示商品的质量、主要原料、功能、用途、重量、数量及其他特点的商品名称；

（三）仅由商品自身的性质产生的形状，为获得技术效果而需有的商品形状以及使商品具有实质性价值的形状；

（四）其他缺乏显著特征的商品名称、包装、装潢。

前款第（一）、（二）、（四）项规定的情形经过使用取得显著特征的，可以认定为特有的名称、包装、装潢。

知名商品特有的名称、包装、装潢中含有本商品的通用名称、图形、型号，或者直接表示商品的质量、主要原料、功能、用途、重量、数量以及其他特点，或者含有地名，他人因客观叙述商品而正当使用的，不构成不正当竞争行为。

第四条（见案例5.2）。

第七条[②] 在中国境内进行商业使用，包括将知名商品特有的名称、包装、装潢或者企业

[①] 对应《最高人民法院关于适用〈中华人民共和国反不正当竞争法〉若干问题的解释》第五条，其第五条修改如下："反不正当竞争法第六条规定的标识有下列情形之一的，人民法院应当认定其不具有区别商品来源的显著特征：（一）商品的通用名称、图形、型号；（二）仅直接表示商品的质量、主要原料、功能、用途、重量、数量等特点的标识；（三）仅由商品自身的性质产生的形状，为获得技术效果而需有的商品形状以及使商品具有实质性价值的形状；（四）其他缺乏显著特征的标识。前款第一项、第二项、第四项规定的标识经过使用取得显著特征，并具有一定的市场知名度，当事人请求依据反不正当竞争法第六条规定予以保护的，人民法院应予支持。"

[②] 对应《最高人民法院关于适用〈中华人民共和国反不正当竞争法〉若干问题的解释》第十条，其第十条修改如下："在中国境内将有一定影响的标识用于商品、商品包装或者容器以及商品交易文书上，或者广告宣传、展览以及其他商业活动中，用于识别商品来源的行为，人民法院可以认定为反不正当竞争法第六条规定的'使用'。"

名称、姓名用于商品、商品包装以及商品交易文书上,或者用于广告宣传、展览以及其他商业活动中,应当认定为反不正当竞争法第五条第(二)项、第(三)项规定的"使用"。

第十七条(见案例5.1)。

案例6.3 视频网站刷量行为构成不正当竞争——北京爱奇艺科技有限公司与杭州飞益信息科技有限公司等不正当竞争纠纷案

一、案情简介

现在视频网站的商业模式是普通用户观看视频需要先观看视频中的广告,广告主向视频公司支付广告费,视频访问数据是视频网站向广告投放者收取广告费的计算依据。如果视频访问数据被虚假地刷高,那是否侵害了视频网站的合法权益?北京爱奇艺科技有限公司与杭州飞益信息科技有限公司纠纷案的判决显示,这一行为构成了不正当竞争。

原告北京爱奇艺科技有限公司(以下简称爱奇艺公司)于2007年3月27日注册成立,爱奇艺公司主办的爱奇艺网站,首页网址为www.iqiyi.com,主要提供视频播放服务、广告推广服务等。爱奇艺公司获得著作权人的授权许可,在运营的爱奇艺网站中提供数量众多的视频作品。爱奇艺公司按照视频访问量向著作权人支付许可使用费是其获取授权许可的方式之一,此种模式往往约定著作权人不得恶意实施增加访问量的不正当竞争行为,并对有效点播进行了界定。普通用户观看爱奇艺网站提供的视频时,需观看贴片广告后方可观看视频内容。

被告杭州飞益信息科技有限公司(以下简称飞益公司)于2014年12月30日注册成立;吕某峰系飞益公司股东及法定代表人,使用个人的QQ账号、淘宝账户对外招揽视频刷量业务,通过个人支付宝账户收取报酬;胡某敏系飞益公司股东及监事,申请注册域名供飞益公司解析网站使用,申请注册域名用于刷量服务,使用个人手机、微信对外招揽视频刷量业务。三被告分工合作,通过多个域名、不断更换访问IP地址等方式,连续访问爱奇艺网站视频,在短时间内迅速提高视频访问量,仅自2017年2月1日至同年6月1日,被告仅通过包含meijujia字段的访问地址,就在爱奇艺网站制造了9.5亿余次的虚假访问。

原告诉至法院,请求依法判令三被告:①立即停止不正当竞争行为、立即停止侵害爱奇艺公司合法权益、立即停止针对爱奇艺网站(iqiyi.com)视频内容的刷量行为;②连带赔偿经济损失500万元;③在《法制日报》中缝以外版面刊登声明,消除影响(声明内容应经法院事先审核)。审理中,爱奇艺公司确认三被告已停止涉案不正当竞争行为,申请撤回第1项停止侵权的诉讼请求。①

二、案件焦点与法理评析

本案件的主要焦点在于:其一,技术手段增加视频访问量的行为是否受到法律规制?其二,涉案视频刷量行为是否属于不正当竞争行为?法院对这两个问题进行了解释。

其一,通过技术手段增加视频访问量的行为应当受到法律规制。三被告主张反不正当竞争法明确列举了各类不正当竞争行为,通过技术手段增加视频访问量的行为未在禁止之列,故不受该法规制。爱奇艺公司指控的涉案行为确实不在《反不正当竞争法》列明的不正当竞争行为中,但是不正当竞争行为的现实情形纷繁多样,《反不正当竞争法》只对显现的具有稳定性的不正当竞争行为作出了明确规定,而对于未显现的以及其他阶段性的非类型化不正当竞争行为,人民法院可以依据该法第二条予以认定。《反不正当竞争法》第二条规定,经营者在市场交易中,应当遵循自愿、平等、公平、诚实信用的原则,遵守公认的商业道德。本法所称的不正当竞争,是指经营者违反本法规定,损害其他经营者的合法权益,扰乱社会经济秩序的行为。本法所称的经营者,是指从事商品经营或者营利性服务(以下所称商品包括服务)的法人、其他经济组织和个人。最高人民法院指导案例45号的裁判要点指出,违反诚实信用原则和公认商业道德,妨碍其他经营者正当经营并损害其合法权益,可以依照《反不正当竞争法》第二条的原则性规定认定为不正当竞争。所以,通过技术手段增加视频访问量的行为应当受到法律规制。

其二,被告通过技术手段增加爱奇艺网站视频访问量的行为构成不正当竞争。首先,涉案行为违反市场经济竞争原则,具有不正当性。访问数据对于视频网站经营者而言,既直接影响经济收入,也能经过系统分析后作为运营决策的重要考量因素,蕴含着巨大的商业价值,能给视频网站经营者带来竞争优势。爱奇艺公司依托于视频访问数据获取的商业利益应受法律保护,其他经营者可以与视频网站经营者开展自由竞争,但不得对访问数据施加超出合理界限的干扰、破坏。这不仅是视频网站经营者,也是与之相关的诸如从事著作权交易、信息网络广告等业务的经营者,所公认的商业道德。本案中,三被告明知爱奇艺公司采取技术手段防范无效的视频访问数据,应知晓视频访问数据对于爱奇艺公司存在重大的商业价值,仍然通过技术手段增加无效的爱奇艺网站视频点击量,以获取不当利益,并通过信息网络宣传推广该业务,持续地、大范围地干扰、破坏爱奇艺网站统计数据的真实性、完整性,主观恶意明显,其不尊重他人合法权益的肆意而为,显然与公认的商业道德相悖,故涉案

---

① 该案件的介绍与评析内容来自:上海市徐汇区人民法院/(2017)沪0104民初18960号;上海知识产权法院/(2017)沪73民辖终749号。

行为违反市场经济竞争原则,具有不正当性。① 其次,通过技术手段增加视频点击量的涉案行为损害了爱奇艺公司的合法权益。

涉案行为对爱奇艺公司造成了损害结果:①爱奇艺公司根据访问数据支付著作权许可使用费,而基于甄别技术的有限性、滞后性,爱奇艺公司如未能甄别虚假访问数据,将支出不应承担的许可使用费;②爱奇艺公司通过系统分析视频访问数据来探知市场需求,进而作出经营活动决策,而基于不真实的访问数据,爱奇艺公司会做出错误的判断,导致竞争优势的丧失;③视频访问量是影响爱奇艺网站中视频排位的因素之一,面对海量的视频内容和有限的观赏时间,消费者一般会根据服务提供者设置的榜单推荐来选择视频,因虚假访问量而排位在先的视频由于并不能真实反映消费者以及市场的需求,因此被误导的消费者一旦发现视频排位与质量不相吻合,将产生不良用户体验,从而怀疑爱奇艺网站的访问数据,进而不再信赖爱奇艺公司的商业信誉,最终选择其他服务提供商,导致爱奇艺公司经济利益的再损失。

法院认为,三被告在市场竞争中,分工合作,共同实施通过技术手段干扰、破坏爱奇艺公司运营的爱奇艺网站的访问数据,违反公认的商业道德,损害爱奇艺公司以及消费者的合法权益,根据《反不正当竞争法》第二条规定,构成不正当竞争。

三、判决结果

2018年8月24日,法院判决结果如下:

(1) 三被告于本判决生效之日起十日内,连带赔偿原告北京爱奇艺科技有限公司经济损失50万元。

(2) 三被告于本判决生效之日起十日内,于《法制日报》中缝以外版面刊登声明,消除不正当竞争行为对原告北京爱奇艺科技有限公司造成的影响。

(3) 驳回原告北京爱奇艺科技有限公司的其余诉讼请求。

其后,爱奇艺公司认为赔偿金额过低,不足以弥补爱奇艺公司的损失,也与被告的违法收益不相符合,向上海知识产权法院提起上诉,请求依法改判三被告赔偿经济损失人民币500万元。

2019年6月28日,上海知识产权法院在二审认为一审法院判决的赔偿金额尚属合理,

---

① 法院解释了运营爱奇艺网站获取的视频访问数据的商业价值。其一,爱奇艺网站通过提供众多视频吸引相关公众,除支付定额许可使用费获取著作权人授权许可外,还采取按照视频访问量支付许可使用费的方式,视频访问数据是该种许可使用费的计算依据;其二,普通用户观看爱奇艺网站视频需要先观看贴片广告,视频访问数据是爱奇艺公司向广告投放者收取广告费的计算依据;其三,爱奇艺公司收集的访问数据信息,包含访问者IP地址、访问时间、播放视频ID、前链地址、访问工具、使用设备等众多信息,统计分析上述信息可以知悉访问者的地域分布、观看视频的时间分布、相关视频的受欢迎程度等信息,是爱奇艺公司确定市场需求,决定视频采购、视频推介、服务器布局等经营活动决策的依据;其四,视频访问量是影响爱奇艺网站视频排位的因素之一,影响视频访问数据进而可能影响消费者对爱奇艺公司商业信誉的判断。另外,法院注意到,爱奇艺公司在与相关著作权人签订的视频合作协议中,界定了何为视频的有效点击。三被告亦确认爱奇艺公司采取了有效的技术手段甄别无效的视频访问数据。可见爱奇艺公司明确知悉视频访问数据的商业价值,并积极采取了有效措施予以保护。引自上海市徐汇区人民法院/(2017)沪0104民初18960号;上海知识产权法院/(2017)沪73民辖终749号。

维持原判。

四、审理时主要参阅的法条

《中华人民共和国反不正当竞争法》。

第二条(见案例 6.1)。

第九条① 经营者不得利用广告或者其他方法,对商品的质量、制作成分、性能、用途、生产者、有效期限、产地等作引人误解的虚假宣传。

广告的经营者不得在明知或者应知的情况下,代理、设计、制作、发布虚假广告。

第二十条(见案例 5.1)。

案例 6.4 使用知名小说中的人物名称撰写同人作品构成不正当竞争——查某与杨某、北京联合出版有限责任公司等不正当竞争纠纷案

一、案情简介

"同人作品"指的是创作者借用小说、漫画、游戏、影视剧等作品中的人物名称、人物形象、性格设定、情节等元素,进行二次创作,形成的新作品。② 如果同人作品的作者直接使用了知名小说作品中广为人知的人物名字,进行二次创作,是否构成不正当竞争?查某与杨某、北京联合出版有限责任公司等不正当竞争纠纷案因为涉及《射雕英雄传》《笑傲江湖》等知名小说而广受关注,其判决结果回答了这一问题。

原告查某是海内外著名作家,其所著《射雕英雄传》《笑傲江湖》《天龙八部》《神雕侠侣》四书(以下简称原告作品)由生活·读书·新知三联书店于 1994 年 5 月在内地出版,对应新修版由广州出版社于 2013 年 4 月在内地出版,新修版对三联版的故事时间线等有所修改。原告作品各版本中郭靖、杨康、穆念慈、乔峰(萧峰)、康敏、令狐冲等人物名称、人物关系、性格特征和故事情节基本一致。

被告杨某于 2000 年创作《此间的少年》并发表于网络。2002 年,该作品由西北大学出版

---

① 对应《反不正当竞争法(2019 年版)》第八条,其第八条修改如下:"经营者不得对其商品的性能、功能、质量、销售状况、用户评价、曾获荣誉等作虚假或者引人误解的商业宣传,欺骗、误导消费者。经营者不得通过组织虚假交易等方式,帮助其他经营者进行虚假或者引人误解的商业宣传。"

② 牛静、常明芝:《新媒体环境下同人作品著作权问题分析》,载张志安:《互联网与国家治理发展报告(2017)》,北京:社会科学文献出版社,2018 年版。

社出版,书名为《此间的少年:射雕英雄的大学生涯》。该书的故事在虚构的"汴京大学"展开,年代设定在北宋年间,但是小说描述的生活场景、器物、文化都表明其讲述的是当代校园生活。书中主人公名字分别是郭靖、杨康、穆念慈、乔峰、康敏、令狐冲等。书中所描述人物的名称均来源于原告作品《射雕英雄传》《天龙八部》《笑傲江湖》《神雕侠侣》等,且人物间的相互关系、人物的性格特征与原告上述作品有一定的相似之处。

被告北京联合出版有限责任公司(简称北京联合出版公司)出版了《此间的少年》(2012年版)以及《此间的少年2》(网络版)。

2010年1月20日,杨某出具《授权书》将其享有《此间的少年》的著作权及其转授权独家授权给案外人北京九州天辰信息咨询有限公司(以下简称九州公司),授权期限至2020年1月20日。

2011年9月21日,杨某出具《授权书》确认将其享有的《此间的少年》著作权及其转授权独家授权给北京精典博维文化传媒有限公司(简称精典博维公司),授权期限至2016年9月10日。

2016年3月15日、6月7日、7月4日,广州购书中心分别向新华出版公司物流配送分公司采购《此间的少年》纪念版10本、2本、3本,折扣为59%。

原告查某提出诉讼请求:①被告杨某、北京联合出版公司、精典博维公司、广州购书中心立即停止侵犯原告著作权及不正当竞争的行为,停止复制、发行小说《此间的少年》,封存并销毁库存图书;②被告杨某、北京联合出版公司、精典博维公司在《中国新闻出版广电报》、新浪网刊登经法院审核的致歉声明,向原告公开赔礼道歉,消除影响;③被告杨某赔偿原告经济损失人民币500万元,被告北京联合出版公司、精典博维公司就策划出版《此间的少年》十周年纪念版所造成的经济损失人民币1003420元承担连带责任;④被告杨某、北京联合出版公司、精典博维公司、广州购书中心共同赔偿原告为维权所支出的合理费用人民币20万元。①

二、案件焦点与法理评析

本案件的主要焦点在于:其一,《此间的少年》是否侵害原告的著作权?其二,被告杨某出版《此间的少年》是否构成不正当竞争?其三,被告北京联合出版公司、精典博维公司、广州购书中心是否承担侵权责任?

法院对这三个问题进行了解释。

其一,法院判定《此间的少年》与原告作品的人物名称、人物关系、性格特征和故事情节在整体上仅存在抽象的形式相似性,不会导致读者产生相同或相似的欣赏体验,二者并不构成实质性相似。《此间的少年》并未侵害原告所享有的改编权、署名权、保护作品完整权。

---

① 该案件的介绍与评析内容来自:广东省广州市天河区人民法院(2016)粤0106民初12068号。

其二,被告杨某、北京联合出版公司、精典博维公司行为构成不正当竞争。原告作品中的人物名称、人物关系等元素虽然不构成具有独创性的表达,不能作为著作权的客体进行保护,但并不意味着他人对上述元素可以自由、无偿、无限度地使用。本案中,原告作品及作品元素凝结了原告高度的智力劳动,具有极高的知名度和影响力。在读者群体中,这些元素与作品之间已经建立了稳定的联系,具备了特定的指代和识别功能,具有较高的商业市场价值。原告作品元素在不受著作权法保护的情况下,在整体上仍可能受我国反不正当竞争法保护。

从文化产业角度来看,原告与杨某同为文艺创作者,其创作的文学作品通过出版发行进入市场成为文化产品,二者就其提供文化产品获取了相应的对价,其实质为文化产品的生产者,可以归入《反不正当竞争法》所规定的从事商品生产、经营或者提供服务的自然人。虽然杨某创作《此间的少年》时仅发表于网络供网友免费阅读,但在吸引更多网友的关注后即出版发行以获得版税等收益,其行为已具有明显的营利性质,故杨某在图书出版、策划发行领域包括图书销量、市场份额、衍生品开发等方面与原告均存在竞争关系,双方的行为应当受到我国反不正当竞争法的规制。

《中华人民共和国反不正当竞争法(2017年修订)》第二条规定,经营者在生产经营活动中,应当遵循自愿、平等、公平、诚信的原则,遵守法律和商业道德。本法所称的不正当竞争行为,是指经营者在生产经营活动中,违反本法规定,扰乱市场竞争秩序,损害其他经营者或者消费者的合法权益的行为。《反不正当竞争法》作为管制市场竞争秩序的法律不可能对各种行为方式都作出具体化和预见性的规定。因此,在具体案件中,可以根据《反不正当竞争法》第二条的一般规定对不属于《反不正当竞争法》第二章列举规定的市场竞争行为予以调整,以保障市场公平竞争。

结合本案进行以下分析。首先,原告对作品中的人物名称、人物关系等元素创作付出了较多心血,这些元素贯穿于原告作品中。从人物名称的搜索结果数量可见其具有极高的知名度和影响力,在读者群体中这些元素与作品之间已经建立了稳定的联系,具备了特定的指代与识别功能。杨某利用这些元素创作新的作品《此间的少年》,借助原告作品整体已经形成的市场号召力与吸引力提高新作的声誉,可以轻而易举地吸引到大量熟知原告作品的读者,并通过北京联合出版公司、精典博维公司的出版发行行为获得经济利益,客观上增强了自己的竞争优势,同时挤占了原告使用其作品元素发展新作品的市场空间,夺取了本该由原告所享有的商业利益。其次,《此间的少年》属于"同人作品"。"同人作品"一般是指使用既有作品中相同或近似的角色创作新的作品。若"同人作品"创作仅为满足个人创作愿望或原作读者的需求,不以营利为目的,新作具备新的信息、新的审美和新的洞见,能与原作形成良性互动,亦可作为思想的传播而丰富文化市场。但本案中,杨某作为读者"出于好玩的心理"使用原告大量作品元素创作《此间的少年》供网友免费阅读,在利用读者对原告作品中武侠人物的喜爱提升自身作品的关注度后,以营利为目的多次出版且发行量巨大,其行为已超出了必要的限度,属于以不正当的手段攫取原告可以合理预期获得的商业利益,在损害原告利益的前提下追求自身利益的最大化。特别需要指出的是,杨某于2002年首次出版时将书名副标题定为"射雕英雄的大学生涯",将自己的作品直接指向原告作品,其借助原告作品的影响力吸引读者获取利益的意图尤为明显。因此,杨某的行为具有不正当性,与文化产业公认的商业道德相背离,应为反不正当竞争法所禁止。综上,杨某未经原告许可在其作品《此间的少年》中使用原告作品人物名称、人物关系等作品元素并予以出版发行,其行为构成不正当竞争,依法应承担相应的侵权责任。

其三,除了广州购书中心,其他两名被告承担侵权责任。原告作品及作品元素有着极高的知名度,精典博维公司经九州公司转授权取得《此间的少年》出版、发行、销售的专有权利,与北京联合出版公司一同作为《此间的少年》纪念版的策划出版方,对该作品出版发行是否侵权负有较高的注意义务。北京联合出版公司、精典博维公司理应知晓杨某出版发行《此间的少年》并未经原告许可,若再次出版发行将进一步损害原告的合法权益,且在收到明河社出版有限公司发送《律师函》要求停止出版、发行后仍未予以停止,其对于策划出版《此间的少年》纪念版这一行为主观上存在过错,其行为已构成帮助侵权,亦应承担相应的民事责任。

广州购书中心作为《此间的少年》纪念版的销售者,该销售行为具有合法来源,且广州购书中心在应诉后停止销售,其主观上并无任何过错,原告诉请其停止侵权、赔偿合理支出缺乏依据,对此法院不予支持。

三、判决结果

2018年8月16日,法院判决结果如下:

(1)被告杨某、北京联合出版有限责任公司、北京精典博维文化传媒有限公司于本判决发生法律效力之日立即停止涉案不正当竞争行为,停止出版发行小说《此间的少年》并销毁库存书籍。

(2)被告杨某、北京联合出版有限责任公司、北京精典博维文化传媒有限公司于本判决发生法律效力之日起十五日内在《中国新闻出版广电报》中缝以外的版面刊登声明,同时在新浪新闻(news.sina.com.cn)首页显著位置连续七十二小时刊登声明,向原告查某公开赔礼道歉,并消除不正当竞争行为所造成的不良影响。

(3)被告杨某于本判决发生法律效力之日起十日内赔偿原告查某经济损失1680000元,被告北京联合出版有限责任公司、北京精典博维文化传媒有限公司就其中300000元承担连带责任。

(4)被告杨某于本判决发生法律效力之日起十日内赔偿原告查某为制止侵权所支付的合理开支200000元,被告北京联合出版有限责任公司、北京精典博维文化传媒有限公司就其中30000元承担连带责任。

(5)驳回原告查某的其他诉讼请求。

四、审理时主要参阅的法条

《中华人民共和国反不正当竞争法》[①]。

第二条(见案例6.1)。

第十七条　经营者违反本法规定,给他人造成损害的,应当依法承担民事责任。

经营者的合法权益受到不正当竞争行为损害的,可以向人民法院提起诉讼。

因不正当竞争行为受到损害的经营者的赔偿数额,按照其因被侵权所受到的实际损失确定;实际损失难以计算的,按照侵权人因侵权所获得的利益确定。赔偿数额还应当包括经营者为制止侵权行为所支付的合理开支。

经营者违反本法第六条、第九条规定,权利人因被侵权所受到的实际损失、侵权人因侵权所获得的利益难以确定的,由人民法院根据侵权行为的情节判决给予权利人三百万元以下的赔偿。

[①] 《反不正当竞争法(2017年版)》于2019年4月23日修正,《反不正当竞争法(2019年版)》于2019年4月23日施行。其中《反不正当竞争法(2017年版)》第二条对应《反不正当竞争法(2019年版)》第二条,该法条在《民法典》中未做修改。第十七条对应《反不正当竞争法(2019年版)》第十七条,其第十七条修改如下:"经营者违反本法规定,给他人造成损害的,应当依法承担民事责任。经营者的合法权益受到不正当竞争行为损害的,可以向人民法院提起诉讼。因不正当竞争行为受到损害的经营者的赔偿数额,按照其因被侵权所受到的实际损失确定;实际损失难以计算的,按照侵权人因侵权所获得的利益确定。经营者恶意实施侵犯商业秘密行为,情节严重的,可以在按照上述方法确定数额的一倍以上五倍以下确定赔偿数额。赔偿数额还应当包括经营者为制止侵权行为所支付的合理开支。经营者违反本法第六条、第九条规定,权利人因被侵权所受到的实际损失、侵权人因侵权所获得的利益难以确定的,由人民法院根据侵权行为的情节判决给予权利人五百万元以下的赔偿。"

第七章 媒体与刑事犯罪

《中华人民共和国刑法》规定,一切危害国家主权、领土完整和安全,分裂国家、颠覆人民民主专政的政权和推翻社会主义制度,破坏社会秩序和经济秩序,侵犯国有财产或者劳动群众集体所有的财产,侵犯公民私人所有的财产,侵犯公民的人身权利、民主权利和其他权利,以及其他危害社会的行为,依照法律应当受刑罚处罚的,都是犯罪,但是情节显著轻微危害不大的,不认为是犯罪。

在信息传播过程中,媒体从业者利用职务之便进行敲诈、谋取利益,网站经营者传播淫秽内容、个人传播虚假医疗广告、传播恐怖信息等,都会侵犯公民的人身权利、民主权利和其他权利,带来严重后果,这种种行为构成刑事犯罪。

本章主要介绍与评析自媒体从业者有偿删帖构成敲诈勒索罪、在互联网上运营淫秽色情网站构成传播淫秽物品牟利罪、传播虚假医疗广告致使多人健康受损构成虚假广告罪、侵入破坏网络系统传播恐怖信息构成刑事犯罪等几个典型案例。

案例 7.1 自媒体从业者有偿删帖构成敲诈勒索罪——何某某、曹某某、付某某等利用自媒体敲诈勒索案

一、案情简介

新闻寻租大致上包括以下几种情况。一为有偿新闻,即"媒体机构向要求刊播新闻者收取一定费用的新闻。一些新闻机构为解决经费不足或赚钱,以及其他目的,按占用版面大小(报纸)、播出时间长短和录制费用(广播、电视)向要求刊播新闻者收费"[1]。二为有偿不闻,指通过给予媒体人员一定的费用将负面新闻或批评性稿件撤除。三为新闻敲诈,指真记者、假记者以媒体曝光威胁、要挟当事人,从而非法获取公私财物的行为。[2] 这几种行为都是有违职业道德的行为,程度严重的构成刑事犯罪。何某某、曹某某、付某某等利用自媒体敲诈勒索案为我们敲响了警钟。

何某某是"黄岛大事件"等公众号的管理员及"楼市 time"公众号的广告代理商,曹某某

---

[1] 甘惜分:《新闻学大辞典》,郑州:河南人民出版社,1993 年版。
[2] 陈建云:《新闻敲诈,该当何罪?》,载《新闻记者》,2014 年第 7 期,第 45-51 页。

是"楼市 time""楼市参考""青岛楼市参考"等公众号的管理员,付某某从事房地产营销、推广工作。三人长期从事房地产传媒行业,自 2018 年 3 月至 6 月,三上诉人密切配合,以有偿删帖方式对碧桂园地产、恒大地产等多家房地产公司进行敲诈以勒索财物。具体事实如下:

①2018 年 3 月,上诉人曹某某在其管理的"楼市 time"公众号上发布了一篇世茂地产的不实负面信息,世茂地产工作人员林某联系付某某删帖,付某某遂联系何某某,何某某经询问曹某某,决定向世茂地产索要 3 万元删帖费。因担心不实负面信息影响公司企业形象,世贸地产同意支付删帖费并将 3 万元转入付某某提供的何某某账户。后曹某某将该帖删除。三人各分得 1 万元。

②2018 年 4 月,"青岛市楼市舆情"公众号发布一条万某地产的不实负面信息,万某地产的工作人员唐某联系上诉人付某某删帖。付某某遂联系上诉人何某某,为增加"黄岛大事件"等公众号的点击量并进一步向万某地产索要删帖费用,何某某与付某某合谋后,在"黄岛大事件"等公众号上转发此条负面信息。后万某地产将该帖投诉至腾讯客服。为报复万某地产,何某某与付某某商量欲使用"黄岛大事件""青岛大事件""青岛市房地产周刊""楼市 time""楼市参考"等公众号联合增发万某地产的负面信息。付某某将预览链接发送给唐某以示威胁,并索要 10 万元删帖费。万某地产害怕自媒体联合发布不实负面信息造成群体上访事件,同意支付 10 万元买断费,并将该 10 万元转入付某某提供的高某账户。后何某某、付某某各分得 5 万元。

③2018 年 6 月,上诉人曹某某在其管理的"楼市 time""楼市参考"公众号上分别发布了一篇龙某地产的不实负面信息。后龙某地产的工作人员孙某联系上诉人何某某删帖,何某某联系上诉人曹某某后,向龙某地产索要 11 万元删帖费。因害怕不实负面信息影响企业形象,龙某地产同意支付 11 万元并将款项转入何某某账户。后何某某分给曹某某 5 万元。

④2018 年 6 月,上诉人曹某某在其管理的"楼市 time"公众号上发布了一篇碧桂园地产的不实负面信息,后碧桂园地产工作人员顾某联系上诉人何某某删帖。何某某联系曹某某后,向碧桂园地产索要 10 万元删帖费。因害怕不实负面信息影响企业形象,碧桂园地产同意支付 10 万元并将款项转入何某某账户。截至案发,何某某未将 5 万元分给曹某某。

⑤2018 年 6 月,上诉人曹某某在其管理的"楼市 time"公众号上发布了一篇恒大地产的不实负面信息,后恒大地产工作人员李某联系上诉人何某某删帖。何某某联系曹某某后,向恒大地产索要 22 万元删帖费。恒大地产未支付此款项,曹某某又使用"楼市 time"公众号发送多篇恒大地产负面信息。

⑥2018 年 6 月,上诉人曹某某在其管理的"青岛楼市参考"公众号上发布了一篇世贸地产的不实负面信息,后世贸地产工作人员林某联系上诉人付某某删帖。付某某遂联系上诉人何某某,何某某向付某某要 3 万元删帖费。付某某向何某某垫付 3 万元后,向世贸地产索要 5 万元。世贸地产同意支付 5 万元删帖费及 2500 元垫资费,但截至案发尚未支付。

综上,何某某伙同他人实施 6 起犯罪,其中既遂 34 万元,未遂 27 万元,分得赃款 22 万元;付某某伙同他人实施 3 起犯罪,其中既遂 13 万元,未遂 5 万元,分得赃款 6 万元;曹某某伙同他人实施 4 起犯罪,其中既遂 24 万元,未遂 22 万元,分得赃款 6 万元。但鉴于公诉机关指控曹某某的犯罪数额为既遂 16 万元,未遂 22 万元,根据不诉不理的原则对曹某某的犯罪数额按指控数额认定。

2019年5月13日,青岛市黄岛区人民检察院指控被告人何某某、付某某、曹某某犯敲诈勒索罪,向山东省青岛市黄岛区人民法院提起公诉。山东省青岛市黄岛区人民法院于次日立案,依法适用普通程序,组成合议庭,公开开庭审理了本案。①

二、案件焦点与法理评析

本案焦点在于:敲诈勒索罪如何认定?法院对此进行了分析。

房地产属于大众普遍关注的重要领域,关乎人们的基本日常生活。当人们发现某个楼盘出现质量问题时,人们的负面情绪会被快速激发出来,最终甚至会促成一起社会热点事件,给房地产开发商的运营造成巨大影响。所以,房地产开发商并不希望负面的新闻被媒体报道出来。当下,自媒体的影响力开始增强,但自媒体上的信息发布者多为个人,缺少必要的审核与把关,所以自媒体运营者对于自己发布的信息拥有极强的控制力,可以发布,也可以删除。这就为自媒体运营者带来了寻租的空间。

敲诈勒索罪侵犯的客体是复杂客体,不仅侵犯公私财物的所有权,还危及他人的人身权利或者其他权益,敲诈勒索罪在客观方面表现为行为人采用威胁、要挟、恫吓等手段,迫使被害人交出财物的行为。在本案中,何某某、付某某、曹某某三人撰写关于几家房地产公司的负面信息,从而迫使其交付财物,如果房地产公司不配合,则对其进行恐吓。法院认为,何某某、付某某、曹某某相互结伙,发布针对地产商的负面信息,抓住地产商害怕品牌形象受损、着急删帖的心理,敲诈勒索地产商高额删帖费及捆绑地产商的广告投放合作,其行为均构成敲诈勒索罪。

三、判决结果

2019年10月31日,一审法院判处何某某犯敲诈勒索罪,获有期徒刑十年,并处罚金人民币20万元;付某某犯敲诈勒索罪,获有期徒刑四年,并处罚金人民币10万元;曹某某犯敲诈勒索罪,获有期徒刑五年六个月,并处罚金人民币15万元。在案扣押的退赔款共计人民币25万元依法发还被害单位,并责令何某某退赔人民币17万元、付某某退赔人民币13万元、曹某某退赔人民币11万元。

该三人不服一审法院对其判决,向山东省青岛市中级人民法院提起上诉。该院于2020年6月29日审结,作出如下判决:

(1)准许山东省青岛市人民检察院撤回抗诉。

(2)维持山东省青岛市黄岛区人民法院(2019)鲁0211刑初847号刑事判决书第一项对上诉人何某某、付某某、曹某某的定罪部分,即被告人何某某、付某某、曹某某犯敲诈勒索罪。

(3)撤销山东省青岛市黄岛区人民法院(2019)鲁0211刑初847号刑事判决书第一项对

---

① 该案件的介绍与评析内容来自:山东省青岛市黄岛区人民法院刑事判决书(2019)鲁0211刑初847号;山东省青岛市中级人民法院刑事二审判决书(2020)鲁02刑终171号。

上诉人何某某、付某某、曹某某的量刑部分、第二项、第三项,即判处何某某有期徒刑十年,并处罚金人民币 20 万元;判处付某某有期徒刑四年,并处罚金人民币 10 万元;判处曹某某有期徒刑五年六个月,并处罚金人民币 15 万元;在案扣押的退赔款共计人民币 25 万元依法发还被害单位;责令被告人何某某退赔人民币 17 万元、被告人付某某退赔人民币 13 万元、被告人曹某某退赔人民币 11 万元。

(4)上诉人何某某犯敲诈勒索罪,判处有期徒刑七年,并处罚金人民币 15 万元。上诉人付某某犯敲诈勒索罪,判处有期徒刑三年,并处罚金人民币 5 万元。上诉人曹某某犯敲诈勒索罪,判处有期徒刑四年六个月,并处罚金人民币 10 万元。

(5)上诉人何某某、付某某、曹某某退赔的违法所得人民币 24 万元依法发还被害单位。

四、审理时主要参阅的法条

①《中华人民共和国刑法》[①]。

第二十三条 已经着手实行犯罪,由于犯罪分子意志以外的原因而未得逞的,是犯罪未遂。

对于未遂犯,可以比照既遂犯从轻或者减轻处罚。

第二十五条 共同犯罪是指二人以上共同故意犯罪。

二人以上共同过失犯罪,不以共同犯罪论处;应当负刑事责任的,按照他们所犯的罪分别处罚。

第二十六条 组织、领导犯罪集团进行犯罪活动的或者在共同犯罪中起主要作用的,是主犯。

三人以上为共同实施犯罪而组成的较为固定的犯罪组织,是犯罪集团。

对组织、领导犯罪集团的首要分子,按照集团所犯的全部罪行处罚。

对于第三款规定以外的主犯,应当按照其所参与的或者组织、指挥的全部犯罪处罚。

第四十五条 有期徒刑的期限,除本法第五十条、第六十九条规定外,为六个月以上十五年以下。

第四十七条 有期徒刑的刑期,从判决执行之日起计算;判决执行以前先行羁押的,羁押一日折抵刑期一日。

第五十二条 判处罚金,应当根据犯罪情节决定罚金数额。

第五十三条 罚金在判决指定的期限内一次或者分期缴纳。期满不缴纳的,强制缴纳。对于不能全部缴纳罚金的,人民法院在任何时候发现被执行人有可以执行的财产,应当随时追缴。

由于遭遇不能抗拒的灾祸等原因缴纳确实有困难的,经人民法院裁定,可以延期缴纳、酌情减少或者免除。

第六十四条 犯罪分子违法所得的一切财物,应当予以追缴或者责令退赔;对被害人的

---

① 《中华人民共和国刑法(2017 年版)》(以下简称《刑法》)于 2020 年 12 月 26 日修正,《刑法(2020 年版)》于 2021 年 3 月 1 日施行。上述法条在《中华人民共和国刑法修正案(十一)》中并未有相应修改。

合法财产,应当及时返还;违禁品和供犯罪所用的本人财物,应当予以没收。没收的财物和罚金,一律上缴国库,不得挪用和自行处理。

第六十七条　犯罪以后自动投案,如实供述自己的罪行的,是自首。对于自首的犯罪分子,可以从轻或者减轻处罚。其中,犯罪较轻的,可以免除处罚。

第二百七十四条　敲诈勒索公私财物,数额较大或者多次敲诈勒索的,处三年以下有期徒刑、拘役或者管制,并处或者单处罚金;数额巨大或者有其他严重情节的,处三年以上十年以下有期徒刑,并处罚金;数额特别巨大或者有其他特别严重情节的,处十年以上有期徒刑,并处罚金。

②《最高人民法院、最高人民检察院关于办理利用信息网络实施诽谤等刑事案件适用法律若干问题的解释》。

第六条　以在信息网络上发布、删除等方式处理网络信息为由,威胁、要挟他人,索取公私财物,数额较大,或者多次实施上述行为的,依照刑法第二百七十四条的规定,以敲诈勒索罪定罪处罚。

案例 7.2　在互联网上运营淫秽色情网站构成传播淫秽物品牟利罪——高某自建网站传播淫秽色情视频图片案

一、案情简介

各国法律都对"淫秽"内容进行了一系列的规制,因为"淫秽色情"危害良好的社会风俗、容易瓦解一个国家和民族的道德体系。同时,限制淫秽色情信息的传播,最为重要的原因是保护未成年人。在下面的案件中,高某自建网站传播淫秽色情视频图片构成刑事犯罪。

高某通过"百度"搜索自学做网站,并以营利为目的开办名为"正太社区"的交互式网站。2016 年 1 月,高某以每月人民币 750 元的价格租用美国服务器,把"正太社区"网站设在美国服务器上,国内需进行"翻墙访问"。高某通过返利的方式允许网站会员在论坛内发布大量未成年儿童的淫秽色情视频,以提升其网站知名度和点击量,从而达到其盈利的目的。

该网站有五个大板块,14 个小板块,会员 13855 人。会员分普通会员、VIP 会员、高级 VIP 会员三个等级,不同的会员享有不同的权限,所有会员都可以发帖,并能通过每日签到增长积分而提高级别。普通会员也可以通过电话费充值卡进行充值成为 VIP 会员或者高级 VIP 会员。会员下载色情内容链接需要消耗"资助","资助"的获得需要用户购买手机充值卡,把卡密码通过"正太社区"网站私信或者网站论坛邮箱发给网站管理员即被告人高某,高某将手机充值卡变现后,再向其会员返充"资助"。该网站中的"国小二年级""高级会员区"

的资源自由发布区和资源自由交易区内存在大量未成年淫秽色情内容。被告人高某以牟利为目的设立网站,并以返利的形式鼓励会员上传未成年人淫秽视频与图片,情节特别严重。

2017年9月30日,高某因涉嫌传播淫秽物品牟利罪被商水县公安局刑事拘留。同年11月8日,经商水县人民检察院批准,高某被商水县公安局执行逮捕。

2018年4月2日,商水县人民检察院指控高某犯传播淫秽物品牟利罪,向河南省商水县人民法院提起公诉。公诉机关认为,高某以牟利为目的,放任他人在其管理的网站内传播淫秽物品,情节特别严重,应当以传播淫秽物品牟利罪追究其刑事责任。建议判处十年以上有期徒刑。高某辩称其建立网站不是以牟利为目的,运营网站获取的全部是合法收入,没有鼓励或者放任会员在其所管理网站内发布淫秽电子信息。河南省商水县人民法院受理后依法组成合议庭,公开开庭进行了审理。①

二、案件焦点与法理评析

本案焦点在于:高某建立网站放任他人传播淫秽内容是否构成传播淫秽物品牟利罪?

法院对此进行了解释。被告人高某以牟利为目的,作为网站的建立者、直接负责的管理者明知他人传播的是淫秽电子信息,允许、放任他人在自己所有、管理的网站上发布,网站注册会员达13855人,违法牟利419140元,情节特别严重,其行为已构成传播淫秽物品牟利罪,公诉机关指控的罪名成立,应依法追究其刑事责任。被告人高某作为网站的建立者和管理者,对网络信息服务内容应当履行网络安全管理义务,通过公诉机关举证的证据可以认定被告人明知其管理的网站存在淫秽电子信息,也明知其网站上的淫秽电子信息的传播和网站盈收增长之间的因果关系,为吸引会员,赚取会员注册费用和购买积分费用,仍在前期放任其网站被用于传播淫秽电子信息,后期以返利的形式鼓励会员上传未成年人淫秽视频与图片。其主观上牟利意图明显,客观上未履行切实有效的监管和阻止义务,导致淫秽信息通过其开办的网站大量传播,具有明显的社会危害性和刑事违法性,应当依法追究刑事责任。

三、判决结果

2018年8月13日,法院判决如下:

(1)被告人高某犯传播淫秽物品牟利罪,判处有期徒刑十一年,并处没收个人全部财产。

(2)对被告人高某违法所得的419140元予以追缴,对犯罪工具台式电脑一台、联通SIM手机卡一张予以没收,上缴国库;已在侦查环节扣押、冻结、查封的涉案款物、车辆与房

---

① 该案件的介绍与评析内容来自:河南省商水县人民法院刑事判决书(2018)豫1623刑初224号。

产,由扣押、冻结、查封的侦查机关依法处置。

四、审理时主要参阅的法条

①《中华人民共和国刑法》[①]。

第四十七条 有期徒刑的刑期,从判决执行之日起计算;判决执行以前先行羁押的,羁押一日折抵刑期一日。

第五十九条 没收财产是没收犯罪分子个人所有财产的一部或者全部。没收全部财产的,应当对犯罪分子个人及其扶养的家属保留必需的生活费用。

第六十一条 对于犯罪分子决定刑罚的时候,应当根据犯罪的事实、犯罪的性质、情节和对于社会的危害程度,依照本法的有关规定判处。

第六十四条 犯罪分子违法所得的一切财物,应当予以追缴或者责令退赔;对被害人的合法财产,应当及时返还;违禁品和供犯罪所用的本人财物,应当予以没收。没收的财物和罚金,一律上缴国库,不得挪用和自行处理。

第三百六十三条 以牟利为目的,制作、复制、出版、贩卖、传播淫秽物品的,处三年以下有期徒刑、拘役或者管制,并处罚金;情节严重的,处三年以上十年以下有期徒刑,并处罚金;情节特别严重的,处十年以上有期徒刑或者无期徒刑,并处罚金或者没收财产。

为他人提供书号,出版淫秽书刊的,处三年以下有期徒刑、拘役或者管制,并处或者单处罚金;明知他人用于出版淫秽书刊而提供书号的,依照前款的规定处罚。

②《最高人民法院、最高人民检察院关于办理利用互联网、移动通讯终端、声讯台制作、复制、出版、贩卖、传播淫秽电子信息刑事案件具体应用法律若干问题的解释(二)》。

第一条 以牟利为目的,利用互联网、移动通讯终端制作、复制、出版、贩卖、传播淫秽电子信息的,依照《最高人民法院、最高人民检察院关于办理利用互联网、移动通讯终端、声讯台制作、复制、出版、贩卖、传播淫秽电子信息刑事案件具体应用法律若干问题的解释》第一条、第二条的规定定罪处罚。

以牟利为目的,利用互联网、移动通讯终端制作、复制、出版、贩卖、传播内容含有不满十四周岁未成年人的淫秽电子信息,具有下列情形之一的,依照刑法第三百六十三条第一款的规定,以制作、复制、出版、贩卖、传播淫秽物品牟利罪定罪处罚:

(一)制作、复制、出版、贩卖、传播淫秽电影、表演、动画等视频文件十个以上的;

(二)制作、复制、出版、贩卖、传播淫秽音频文件五十个以上的;

(三)制作、复制、出版、贩卖、传播淫秽电子刊物、图片、文章等一百件以上的;

(四)制作、复制、出版、贩卖、传播的淫秽电子信息,实际被点击数达到五千次以上的;

[①] 《中华人民共和国刑法(2017年版)》(以下简称《刑法》)于2020年12月26日修正,《刑法(2020年版)》于2021年3月1日施行。上述法条在《中华人民共和国刑法修正案(十一)》中并未有相应修改。

（五）以会员制方式出版、贩卖、传播淫秽电子信息，注册会员达一百人以上的；

（六）利用淫秽电子信息收取广告费、会员注册费或者其他费用，违法所得五千元以上的；

（七）数量或者数额虽未达到第（一）项至第（六）项规定标准，但分别达到其中两项以上标准一半以上的；

（八）造成严重后果的。

实施第二款规定的行为，数量或者数额达到第二款第（一）项至第（七）项规定标准五倍以上的，应当认定为刑法第三百六十三条第一款规定的"情节严重"；达到规定标准二十五倍以上的，应当认定为"情节特别严重"。

第四条　以牟利为目的，网站建立者、直接负责的管理者明知他人制作、复制、出版、贩卖、传播的是淫秽电子信息，允许或者放任他人在自己所有、管理的网站或者网页上发布，具有下列情形之一的，依照刑法第三百六十三条第一款的规定，以传播淫秽物品牟利罪定罪处罚：

（一）数量或者数额达到第一条第二款第（一）项至第（六）项规定标准五倍以上的；

（二）数量或者数额分别达到第一条第二款第（一）项至第（六）项两项以上标准二倍以上的；

（三）造成严重后果的。

实施前款规定的行为，数量或者数额达到第一条第二款第（一）项至第（七）项规定标准二十五倍以上的，应当认定为刑法第三百六十三条第一款规定的"情节严重"；达到规定标准一百倍以上的，应当认定为"情节特别严重"。

第八条　实施第四条至第七条规定的行为，具有下列情形之一的，应当认定行为人"明知"，但是有证据证明确实不知道的除外：

（一）行政主管机关书面告知后仍然实施上述行为的；

（二）接到举报后不履行法定管理职责的；

（三）为淫秽网站提供互联网接入、服务器托管、网络存储空间、通讯传输通道、代收费、费用结算等服务，收取服务费明显高于市场价格的；

（四）向淫秽网站投放广告，广告点击率明显异常的；

（五）其他能够认定行为人明知的情形。

第十一条　对于以牟利为目的，实施制作、复制、出版、贩卖、传播淫秽电子信息犯罪的，人民法院应当综合考虑犯罪的违法所得、社会危害性等情节，依法判处罚金或者没收财产。罚金数额一般在违法所得的一倍以上五倍以下。

第十二条　《最高人民法院、最高人民检察院关于办理利用互联网、移动通讯终端、声讯台制作、复制、出版、贩卖、传播淫秽电子信息刑事案件具体应用法律若干问题的解释》和本解释所称网站，是指可以通过互联网域名、IP地址等方式访问的内容提供站点。

以制作、复制、出版、贩卖、传播淫秽电子信息为目的建立或者建立后主要从事制作、复制、出版、贩卖、传播淫秽电子信息活动的网站，为淫秽网站。

案例7.3 传播虚假医疗广告致使多人健康受损构成虚假广告罪——黄某某、杨某一、杨某二、杨某三等人制作传播虚假广告案

一、案情简介

人们通过广告获得各类商品信息,如果广告信息是虚假的,那可能会给购买者带来伤害。通过各类媒体发布夸大治疗效果的虚假广告而造成严重后果的,构成刑事犯罪。下面的案件中,黄某某、杨某一、杨某二、杨某三等人制作传播虚假医疗广告致使多人健康受损构成虚假广告罪。

2004年底2005年初,被告人杨某一、杨某三等人从老乡处得知河南省漯河市第一人民医院(漯河市中心医院)开展有治疗类风湿性关节炎、强直性脊柱炎效果较好的免疫平衡调节术,有意引进该项技术在北京成立专科医院。为能扩大广告宣传效果,被告人杨某一、杨某三等人经事先预谋,出资10000港币通过中介诺信在线投资顾问有限公司于2005年2月7日在香港注册成立了康恒医院投资集团(香港)有限公司及分行香港国际类风湿病研究院(业务范围为类风湿病、强直性脊柱炎研究,医药研究开发,科研临床合作),但在香港实际并无自己的办公地址与人员从事研发活动。同时,杨某一等人出资10万元于漯河市中心医院王某蛟处购买了"免疫平衡调节术",将招聘的国内医生王某义送往该医院学习。后因院址房租问题,被告人杨某一等人在北京成立专科医院的投资未能成功。

2005年5月31日,被告人杨某一、杨某三、杨某二等人共同出资,以香港国际类风湿病研究院的名义承包了私营合伙企业杭州华夏医院风湿科,由被告人杨某二等人负责具体事务的管理,由在漯河中心医院学习了两天技术的医生王某义到该院负责实施"免疫平衡调节术"治疗类风湿性关节炎、强直性脊柱炎。为进一步招揽患者,被告人杨某二征得被告人杨某一同意后决定对外发布广告,杭州华夏医院负责人黄某某在明知"免疫平衡调节术"非来源于香港、广告内容虚假的情况下,同意杨某二等人以杭州华夏医院的名义通过电视台、报纸对外发布医疗广告。

2005年6月29日至9月期间,被告人杨某二等人以杭州华夏医院名义多次在杭州都市快报发布医疗广告,内容为"杭州华夏医院引进香港国际类风湿病研究院最新科研成果,以刘汉光、许保民等著名研究员为首的科研攻关组,经过多年的研究、探索,发明的免疫平衡调节微创手术治疗类风湿性关节炎、强直性脊柱炎新技术,只需一个部位、一次手术,安全可靠,无痛苦。经临床验证,一般术后24小时疼痛减轻,肿胀逐渐消失,经过多年来术后病人的跟踪、随访,效果十分稳定,术后无须长期服药"等。广告并附有刘某光、许某民、王某义、李某、王某蛟等医生的简介,均称为香港国际类风湿病研究院研究员。其中将实系杭州华夏

医院聘用医师刘某光虚称为"系免疫平衡调节微创手术发明人,香港国际类风湿病研究院研究员,国内临床协作基地首席专家,擅长风湿、类风湿性关节炎、强直性脊柱炎的诊断治疗,享受政府特殊津贴"等;将王某义虚称为"系香港国际类风湿病研究院研究员、国内临床协作基地首席专家。多年来致力于类风湿病免疫平衡微创手术的探索研究,享受政府特殊津贴"等。同期,刘某光、王某义等医师与广告内容相同的简介张贴于杭州华夏医院大厅内;并在医院大厅、过道、电梯等处张贴有与广告内容相同的宣传资料;摆放供病患随时拿取的载有相同内容的扇子等。

2005年7月10日至8月8日,被告人杨某二等人以杭州华夏医院名义在浙江省电视台体育健康频道(现更名为浙江省电视台民生休闲频道)发布广告,被告人黄某某帮助联系了广告中介浙江兆和广告有限公司的包宣东,并提供了失效的2004年度医疗广告证明用于广告宣传。播放时间段为每天7:10和12:07,连续播放长度规格为30秒的医疗广告(并在1818黄金眼节目段插播),内容为"首家引进香港国际类风湿病研究院独创的免疫平衡调节微创手术,治疗类风湿性关节炎、强直性脊柱炎,手术安全可靠,无痛苦,术后无需长期服药。用疗效说话,让患者见证。只需一个手术,还你终身健康"等。

2005年9月26日,杭州市工商行政管理局认定杭州华夏医院在都市快报发布的医疗广告具有贬低其他生产经营者的商品或服务行为、隐含保证治愈内容,作出责令停止发布、罚款10000元的处罚决定书。同日,被告人杨某一、杨某二等人解除了与杭州华夏医院的类风湿性关节炎、强直性脊柱炎医疗项目合作协议,由杭州华夏医院单独继续开展风湿科的经营及该手术的治疗活动,王某义医师由杭州华夏医院继续聘用。

2005年11月,杭州华夏医院继续多次在杭州都市快报发布涉案手术的医疗广告,内容为"杭州华夏医院引进最新科研成果,以王某义、刑某中为首的科研专家组,经过多年的科学探索发明的介入微创定位技术治疗类风湿性关节炎、强直性脊柱炎;特邀北京著名风湿病专家王教授率专家组抵达杭州华夏医院,进行会诊活动。只需一个部位,无论病情轻重时间长短,疗效相当明显,无副作用,不易复发。经过多例病人的跟踪随访,效果十分稳定,术后无需长期服药"等,并在医院大厅张贴有王某义系北京专家的简介。

2006年3月24日,浙江省工商行政管理局认定省部分媒体发布的关于免疫平衡调节微创手术广告为虚假广告,要求全省媒体不得发布该手术治疗类风湿性关节炎、强直性脊柱炎广告。

广告发布以后,共有杜某生等38名类风湿性关节炎、强直性脊柱炎患者于2005年7月至11月至杭州华夏医院接受了免疫平衡调节微创(或介入微创定位)手术的治疗,所涉33名患者治疗后不仅未达广告中所称的医疗效果,并且不同程度地造成患者声音嘶哑的后果。经鉴定,共有朱某珍等14名患者伤残等级为九级,其中厉某婉、颜某福、杨某法等3名患者手术系承包协议终止之后由杭州华夏医院所做。

2006年10月10日,被告人杨某一主动向公安机关投案。被告人杨某一于取保候审期间,通过其家人通知杨某二家人让杨某二来公安机关接受调查,被告人杨某二接家属电话通知后,于2006年10月31日向公安机关投案。

2007年5月18日,杭州华夏医院与杜某生等29名患者在法院主持下,就医疗事故达成一致协议,合计支付款项人民币150余万元。其中杭州华夏医院支付27万余元、被告人杨某一支付 82 万元、杨某三家属支付 45 万元、杨某二家属支付 3 万元。

2007 年 5 月 28 日,浙江省杭州市江干区人民检察院以江检刑诉 200765 号起诉书指控被告单位杭州华夏医院、被告人黄某某、杨某一、杨某三、杨某二犯虚假广告罪向法院提起公诉,后法院于 2007 年 7 月 6 日书面裁定准许公诉机关撤回起诉。2007 年 8 月 9 日,浙江省杭州市江干区人民检察院补充了被告人黄某某、杨某二的笔录后,更改杭州华夏医院单位犯罪为自然人犯罪向法院再次提起公诉。①

二、案件焦点与法理评析

本案焦点在于:基于哪些理由可以判定被告构成虚假广告罪,其自首行为是否构成从轻处罚?

法院对此进行了解释。被告人黄某某、杨某一、杨某三、杨某二违反《医疗广告管理办法》中广告范围仅限于医疗机构名称、诊疗地点、从业医师姓名、技术职称、服务商标、诊疗时间、诊疗科目、诊疗方法、通信方式的规定,在未取得有效医疗广告证明的情况下,通过媒介超范围向社会公众发布医疗广告;广告内容违反《中华人民共和国广告法》的规定,就医疗服务的技术来源、医疗效果、医生资历作虚假宣传,涉案患者基本未能达到广告宣传的医疗效果,并致使 14 名患者构成九级伤残,情节严重,其行为均已构成虚假广告罪。公诉机关指控罪名成立。被告人黄某某具有接公安机关电话通知主动到案的投案行为,但其在公安侦查阶段以及前期庭审阶段均未如实供述犯罪事实,不能认定为自首;被告人黄某某在宣判前能予以认罪并如实供认犯罪事实,且具有支付部分调解款项的行为,其辩护人要求适用缓刑的辩护意见法院予以采纳。被告人杨某一主动向公安机关投案并如实供述主要犯罪事实,其虽在公安机关随后的侦查阶段直至庭审过程中否认事前明知涉案广告会出现虚假内容,但在宣判前能予以供认,仍可认定具有自首情节。

我国《医疗广告管理办法》明确规定医疗广告主体只能是依法取得医疗执业许可证的医疗机构,个人不能发布医疗广告,但《中华人民共和国广告法》明确规定广告主体为法人、其他经济组织或者个人,与我国刑法虚假广告罪主体包括自然人的规定相一致,自然人符合本罪主体要件;被告人杨某一等人以合伙私营医疗机构杭州华夏医院为载体对外发布虚假广告,属自然人共同犯罪,应按共犯原则共同承担刑事责任,故辩护人关于杨某一不符合虚假广告罪主体要件的意见法院不予采纳。被告人杨某一虽对于其主观上是否明知涉案广告具有虚假内容的事实翻供,但其具有自首、在民事诉讼中支付了 82 万元的巨额调解款项、归案后通过家属通知杨某二主动投案的情节,依法可予以从轻处罚,故其关于适用缓刑的要求法院予以采纳。被告人杨某三具有在民事诉讼中支付 45 万元调解款项的情节,在共同犯罪中地位作用较小,可予以从轻处罚,但其庭审中拒不如实供认犯罪事实,不宜适用缓刑。被告人杨某二主动向公安机关投案并如实供述了犯罪事实,其虽在前期庭审中否认明知涉案广告内容,但在宣判前能如实供认,仍符合自首要件,且具有支付部分调解款项、指证同案犯的

---

① 该案件的介绍与评析内容来自:浙江省杭州市江干区人民法院刑事判决书(2007)江刑初字第 631 号。

情节,故辩护人关于应认定为自首以及要求从轻处罚的辩护意见法院予以采纳。

三、判决结果

2007年11月9日,法院判决如下:

(1) 被告人黄某某犯虚假广告罪,判处有期徒刑一年六个月,缓刑二年,并处罚金人民币三万元。

(2) 被告人杨某一犯虚假广告罪,判处有期徒刑一年二个月,缓刑一年六个月,并处罚金人民币三万元。

(3) 被告人杨某三犯虚假广告罪,判处有期徒刑一年二个月,并处罚金人民币二万元。

(4) 被告人杨某二犯虚假广告罪,判处有期徒刑一年,并处罚金人民币二万元。

四、审理时主要参阅的法条

①《中华人民共和国刑法(2006年修正)》[①]。

第二十五条　共同犯罪是指二人以上共同故意犯罪。

二人以上共同过失犯罪,不以共同犯罪论处;应当负刑事责任的,按照他们所犯的罪分别处罚。

第五十二条　判处罚金,应当根据犯罪情节决定罚金数额。

第五十三条　罚金在判决指定的期限内一次或者分期缴纳。期满不缴纳的,强制缴纳。对于不能全部缴纳罚金的,人民法院在任何时候发现被执行人有可以执行的财产,应当随时追缴。如果由于遭遇不能抗拒的灾祸缴纳确实有困难的,可以酌情减少或者免除。

第六十七条　犯罪以后自动投案,如实供述自己的罪行的,是自首。对于自首的犯罪分子,可以从轻或者减轻处罚。其中,犯罪较轻的,可以免除处罚。

[①]《刑法(2006年版)》已经过多次修正,最近一次修正时间为2020年12月26日,《刑法(2020年版)》于2021年3月1日施行。其中《刑法(2006年版)》第二十五条对应《刑法(2020年版)》第二十五条,第五十二条对应《刑法(2020年版)》第五十二条,第七十三条对应《刑法(2020年版)》第七十三条,第二百二十二条对应《刑法(2020年版)》第二百二十二条,上述法条在《刑法(2020年版)》中并未有相应修改。第五十三条对应《刑法(2020年版)》第五十三条,其第五十三条修改如下:"罚金在判决指定的期限内一次或者分期缴纳。期满不缴纳的,强制缴纳。对于不能全部缴纳罚金的,人民法院在任何时候发现被执行人有可以执行的财产,应当随时追缴。由于遭遇不能抗拒的灾祸等原因缴纳确实有困难的,经人民法院裁定,可以延期缴纳、酌情减少或者免除。"第六十七条对应《刑法(2020年版)》第六十七条,其第六十七条修改如下:"犯罪以后自动投案,如实供述自己的罪行的,是自首。对于自首的犯罪分子,可以从轻或者减轻处罚。其中,犯罪较轻的,可以免除处罚。被采取强制措施的犯罪嫌疑人、被告人和正在服刑的罪犯,如实供述司法机关还未掌握的本人其他罪行的,以自首论。犯罪嫌疑人虽不具有前两款规定的自首情节,但是如实供述自己罪行的,可以从轻处罚;因其如实供述自己罪行,避免特别严重后果发生的,可以减轻处罚。"第七十二条对应《刑法(2020年版)》第七十二条,其第七十二条修改如下:"对于被判处拘役、三年以下有期徒刑的犯罪分子,同时符合下列条件的,可以宣告缓刑,对其中不满十八周岁的人、怀孕的妇女和已满七十五周岁的人,应当宣告缓刑:(一)犯罪情节较轻;(二)有悔罪表现;(三)没有再犯罪的危险;(四)宣告缓刑对所居住社区没有重大不良影响。宣告缓刑,可以根据犯罪情况,同时禁止犯罪分子在缓刑考验期限内从事特定活动,进入特定区域、场所,接触特定的人。被宣告缓刑的犯罪分子,如果被判处附加刑,附加刑仍须执行。"

被采取强制措施的犯罪嫌疑人、被告人和正在服刑的罪犯,如实供述司法机关还未掌握的本人其他罪行的,以自首论。

第七十二条　对于被判处拘役、三年以下有期徒刑的犯罪分子,根据犯罪分子的犯罪情节和悔罪表现,适用缓刑确实不致再危害社会的,可以宣告缓刑。

被宣告缓刑的犯罪分子,如果被判处附加刑,附加刑仍须执行。

第七十三条　拘役的缓刑考验期限为原判刑期以上一年以下,但是不能少于二个月。

有期徒刑的缓刑考验期限为原判刑期以上五年以下,但是不能少于一年。

缓刑考验期限,从判决确定之日起计算。

第二百二十二条　广告主、广告经营者、广告发布者违反国家规定,利用广告对商品或者服务作虚假宣传,情节严重的,处二年以下有期徒刑或者拘役,并处或者单处罚金。

②《最高人民法院关于适用财产刑若干问题的规定》。

第二条　人民法院应当根据犯罪情节,如违法所得数额、造成损失的大小等,并综合考虑犯罪分子缴纳罚金的能力,依法判处罚金。刑法没有明确规定罚金数额标准的,罚金的最低数额不能少于一千元。

对未成年人犯罪应当从轻或者减轻判处罚金,但罚金的最低数额不能少于五百元。

案例 7.4　侵入破坏网络系统传播恐怖信息构成刑事犯罪——陈某某故意传播虚假恐怖信息案

一、案情简介

侵入、破坏网络系统,编造、故意传播恐怖信息,如果极大地影响了公众的生活,影响了社会秩序,是严重的犯罪活动。侵入破坏网络系统、传播恐怖信息构成刑事犯罪。此案便是这方面的案例。

被告人陈某某,男,1989 年生,汉族,初中文化,原江苏省太仓市阿凡提科技公司职员。2008 年 5 月 31 日 15 时,被告人陈某某在网络上收集到广西近期有地震的信息后,通过互联网登录广西防震减灾网(www.gxsin.gov.com)查看相关信息。陈某某发现该网站的网页存在明显的设计漏洞,便运用 nbsi 3 和 13vip.asp 工具获取了广西防震减灾网系统控制权,删除了原管理员权限,建立了一个新的管理权限。然后通过该权限将网页原横幅广告图片文字"四川汶川强烈地震悼念四川汶川大地震遇难同胞"篡改为"广西近期将发生 9 级以上重大地震,请市民尽早做好准备",并将该网站首页左侧的"为您服务"栏目中的"滚动信息"全部篡改为"专家预测近期广西有可能发生 9 级以上重大地震"。陈某某将篡改后的网页截屏图片上传到天涯社区的汶川地震板块并命题为"广西地震局官方网发布地震预告,是不是真的?"之后,陈某某又在网易论坛上发布"因为有朋友在广西,没事的时候去看了广西地震局的官方网,官方网上发布了地震预报,吓死人了,9级,大家自己去看吧,骗人我死全家"的帖子。截至2008年6月5日,网民点击量为13242次。

2008年6月1日21时许,陈某某登录广西防震减灾网,发现被其篡改的网页已被恢复。陈某某为了不让该网站的网页正常运行,利用注入程序软件获取该网页的管理权限后,上传批处理程序软件至该网页上,并利用clean.bat将广西防震减灾网的计算机服务器D盘内的数据和应用程序全部内容删除,造成广西防震减灾网不能运行工作的严重后果。同年6月3日10时,陈某某上网登录广西防震减灾网,发现被其删除的网页已恢复,又用相同的方式入侵广西防震减灾网将网页内容删除,造成广西防震减灾网再次无法运行的严重后果。

2008年6月4日,因涉嫌犯破坏计算机信息系统罪,陈某某在江苏省太仓市阿凡提科技公司内被江苏省太仓市公安民警抓获,同日被南宁市公安局青秀分局刑事拘留。同年7月5日,陈某某被执行逮捕。

2008年9月2日,南宁市青秀区人民检察院指控陈某某犯编造、故意传播虚假恐怖信息罪以及破坏计算机信息系统罪向广西南宁市青秀区人民法院提起公诉。2008年9月22日和10月8日,广西南宁市青秀区人民法院公开开庭审理了本案。①

二、案件焦点与法理评析

本案件的主要焦点在于:其一,传播虚假自然灾害险情是否列入传播恐怖信息的范围,是否构成编造、故意传播虚假恐怖信息罪?其二,破坏计算机信息系统罪的构成要件是什么?

广西南宁市青秀区人民法院和广西壮族自治区南宁市中级人民法院均认为,陈某某明知发布内容是编造的虚假恐怖信息而故意传播,严重扰乱社会秩序,其行为已构成编造、故意传播虚假恐怖信息罪;违反国家规定,破坏计算机系统功能,对计算机信息系统中存储的数据和应用程序进行删除,致使计算机信息系统不能正常运行,其行为又构成破坏计算机信息系统罪。陈某某一人犯数罪,应对其数罪并罚。

其一,虚假传播自然灾害险情的行为被列入恐怖信息的范围。《中华人民共和国刑法》修正案(三)增设了编造、故意传播虚假恐怖信息罪,即明知是编造的恐怖信息而故意传播,造成严重后果或严重扰乱社会秩序的,以编造、故意传播虚假恐怖信息罪进行处罚。刑法第二百九十一条之一规定,"编造爆炸威胁、生化威胁、放射威胁等恐怖信息"。可见,该条款规定除了爆炸威胁、生化威胁、放射威胁为恐怖信息外,还有其他情形的恐怖信息。

2008年5月26日,最高人民法院向全国各省法院颁布《关于依法做好抗震救灾期间审

---

① 该案件的介绍与评析内容来自:广西南宁市青秀区人民法院刑事判决书(2008)青刑初字第375号;广西壮族自治区南宁市中级人民法院裁定书(2008)南市刑一终字第172号。

判工作切实维护灾区社会稳定的通知》，规定"对抗震救灾和灾后重建期间发生的以下犯罪行为应依法从重处罚：（三）故意编造、传播、散布不利于灾区稳定的虚假、恐怖信息"。由此得知，最高人民法院已将"在抗震救灾、和灾后重建期间发生的不利于稳定"的信息列入恐怖信息的范畴。在本案中，广西虽然不属于灾区，但在抗震救灾中，其稳定因素自然会影响到其他地区的稳定。因此，在广西传播不利于稳定的虚假地震信息应列入恐怖信息的范畴。

编造、故意传播虚假恐怖信息罪的客观方面表现为明知是编造的恐怖信息而故意传播，严重扰乱社会秩序的行为。在本案中，陈某某发布虚假恐怖信息，造成社会民众恐慌。广西警方为侦破本案，先后调动江苏、广西等 7 个省市网监及刑侦部门警力 245 人次，支出办案经费 2.5 万元。广西地震局为稳定广西民众而分别在广西《南国早报》《法制快报》等报纸登报辟谣。即使被告人陈某某的行为造成的后果不是特别严重，但实际上已严重扰乱社会秩序，构成编造、故意传播虚假恐怖信息罪。

其二，破坏计算机信息系统罪所侵犯的客体是计算机信息系统的安全。对象为各种计算机信息系统功能及计算机信息中存储、处理或者传输的数据和应用程序。被告人陈某某两次利用 clean.bat 软件程序将广西防震减灾网的计算机服务器 D 盘内的数据和应用程序全部内容删除，造成广西防震减灾网不能运行工作的严重后果。其行为侵犯了广西防震减灾网的计算机信息系统的安全。根据《全国人大常务委员会关于维护互联网安全的决定》《计算机信息网络国际联网安全保护管理办法》等行政法规的规定，可以得知，未经允许，对计算机信息网络功能进行删除、修改或者增加的，造成计算机网络或者通信系统无法正常运行的，构成犯罪，依法追究刑事责任。

法院最后判定，被告人陈某某明知是编造的虚假恐怖信息而故意传播，严重扰乱社会秩序，其行为已构成编造、故意传播虚假恐怖信息罪；违反国家规定，破坏计算机系统功能，对计算机信息系统中存储的数据和应用程序进行删除，致使计算机信息系统不能正常运行，其行为又构成破坏计算机信息系统罪。被告人陈某某一人犯数罪，应对其数罪并罚。

三、判决结果

2008 年 10 月 16 日，法院判决如下：

（1）被告人陈某某犯编造、故意传播虚假恐怖信息罪，判处有期徒刑三年；犯破坏计算机信息系统罪，判处有期徒刑二年，决定执行有期徒刑四年。

（2）没收被告人陈某某的作案工具清华同方笔记本电脑一台、电脑主机一台、硬盘一个。

陈某某不服一审法院对其判决，向广西壮族自治区南宁市中级人民法院提起上诉。该院于 2008 年 12 月 12 日审结，作出判决：驳回上诉，维持原判。

四、审理时主要参阅的法条

《中华人民共和国刑法》①。

第六十四条　犯罪分子违法所得的一切财物,应当予以追缴或者责令退赔;对被害人的合法财产,应当及时返还;违禁品和供犯罪所用的本人财物,应当予以没收。没收的财物和罚金,一律上缴国库,不得挪用和自行处理。

第六十九条　判决宣告以前一人犯数罪的,除判处死刑和无期徒刑的以外,应当在总和刑期以下、数刑中最高刑期以上,酌情决定执行的刑期,但是管制最高不能超过三年,拘役最高不能超过一年,有期徒刑最高不能超过二十年。

如果数罪中有判处附加刑的,附加刑仍须执行。

第二百八十六条　违反国家规定,对计算机信息系统功能进行删除、修改、增加、干扰,造成计算机信息系统不能正常运行,后果严重的,处五年以下有期徒刑或者拘役;后果特别严重的,处五年以上有期徒刑。

违反国家规定,对计算机信息系统中存储、处理或者传输的数据和应用程序进行删除、修改、增加的操作,后果严重的,依照前款的规定处罚。

故意制作、传播计算机病毒等破坏性程序,影响计算机系统正常运行,后果严重的,依照第一款的规定处罚。

第二百九十一条之一　投放虚假的爆炸性、毒害性、放射性、传染病病原体等物质,或者编造爆炸威胁、生化威胁、放射威胁等恐怖信息,或者明知是编造的恐怖信息而故意传播,严重扰乱社会秩序的,处五年以下有期徒刑、拘役或者管制;造成严重后果的,处五年以上有期徒刑。

---

① 《刑法(2006年版)》已经过多次修正,最近一次修正时间为2020年12月26日,《刑法(2020年版)》于2021年3月1日施行。其中《刑法(2006年版)》第六十四条对应《刑法(2020年版)》第六十四条,该法条在《刑法(2020年版)》中并未有相应修改。第六十九条对应《刑法(2020年版)》第六十九条,其第六十九条修改如下:"判决宣告以前一人犯数罪的,除判处死刑和无期徒刑的以外,应当在总和刑期以下、数刑中最高刑期以上,酌情决定执行的刑期,但是管制最高不能超过三年,拘役最高不能超过一年,有期徒刑总和刑期不满三十五年的,最高不能超过二十年,总和刑期在三十五年以上的,最高不能超过二十五年。数罪中有判处有期徒刑和拘役的,执行有期徒刑。数罪中有判处有期徒刑和管制,或者拘役和管制的,有期徒刑、拘役执行完毕后,管制仍须执行。数罪中有判处附加刑的,附加刑仍须执行,其中附加刑种类相同的,合并执行,种类不同的,分别执行。"第二百八十六条对应《刑法(2020年版)》第二百八十六条,其第二百八十六条修改如下:"违反国家规定,对计算机信息系统功能进行删除、修改、增加、干扰,造成计算机信息系统不能正常运行,后果严重的,处五年以下有期徒刑或者拘役;后果特别严重的,处五年以上有期徒刑。违反国家规定,对计算机信息系统中存储、处理或者传输的数据和应用程序进行删除、修改、增加的操作,后果严重的,依照前款的规定处罚。故意制作、传播计算机病毒等破坏性程序,影响计算机系统正常运行,后果严重的,依照第一款的规定处罚。单位犯前三款罪的,对单位判处罚金,并对其直接负责的主管人员和其他直接责任人员,依照第一款的规定处罚。"第二百九十一条之一对应《刑法(2020年版)》第二百九十一条之一,其第二百九十一条之一修改如下:"投放虚假的爆炸性、毒害性、放射性、传染病病原体等物质,或者编造爆炸威胁、生化威胁、放射威胁等恐怖信息,或者明知是编造的恐怖信息而故意传播,严重扰乱社会秩序的,处五年以下有期徒刑、拘役或者管制;造成严重后果的,处五年以上有期徒刑。编造虚假的险情、疫情、灾情、警情,在信息网络或者其他媒体上传播,或者明知是上述虚假信息,故意在信息网络或者其他媒体上传播,严重扰乱社会秩序的,处三年以下有期徒刑、拘役或者管制;造成严重后果的,处三年以上七年以下有期徒刑。"

附录　每章扩展阅读材料

第一章　扩展阅读材料

[1] 陈国军.论大数据时代个人信息的私法保护与共享[J].河南师范大学学报(哲学社会科学版),2022(1):66-73.

[2] 陈堂发.论私法范畴的媒体权利——基于《民法典·人格权编》相关条款[J].新闻与传播研究,2020(8):66-74,127.

[3] 程啸.论我国民法典中的个人信息合理使用制度[J].中外法学,2020(4):1001-1017.

[4] 国家法官学院,最高人民法院司法案例研究院.中国法院2020年度案例系列[M].北京:中国法制出版社,2020.

[5] 李洋.新闻报道、舆论监督行为人的"合理核实义务"研究——基于《民法典》第1025条和1026条的释读[J].新闻记者,2020(8):78-86.

[6] 刘文杰.《民法典》在新闻侵权抗辩事由上的探索与创新[J].新闻记者,2020(9):63-73.

[7] 陆青.数字时代的身份构建及其法律保障:以个人信息保护为中心的思考[J].法学研究,2021(5):3-23.

[8] 王伟亮.媒体更正、删除等必要措施义务探析——以《民法典》第1028条为中心[J].新闻记者,2022(5):84-96.

[9] 王雨亭,秦前红.名誉侵权中的公共利益目的抗辩——新闻报道、舆论监督等行为的特殊免责事由[J].河北法学,2022(2):162-183.

[10] 魏永征.从"新闻侵权"到"媒介侵权"[J].新闻与传播研究,2014(2):5-21.

[11] 宣刚,严海艳.乱象与规制:自媒体传播名誉侵权的实证分析[J].湖北社会科学,2022(7):131-138.

[12] 袁明扬,陈林林.《民法典》"英烈条款"的司法适用及完善——基于52份英烈人格保护判决的分析[J].法律适用,2022(6):102-111.

[13] 展江,王锦东.公众人物抗辩意义何在?——梁惠民诉《财经》杂志案再审思[J].新闻界,2017(1):34-38.

第二章　扩展阅读材料

[1] 焦艳玲.人脸识别的侵权责任认定[J].中国高校社会科学,2022(2):117-128,160.

[2] 刘洁.从民法典"人格权"编看肖像权保护与新闻侵权[J].中国记者,2020(9):79-81.

[3] 刘力,何建.人格权损害赔偿制度的司法运用与完善——以"周星驰肖像权、姓名权"纠纷案为例[J].法律适用,2020(4):69-76.

[4] 王绍喜.《民法典》时代肖像权保护解释论[J].法律适用,2021(11):25-36.

[5] 王喆,刘淑波.表情包涉及的肖像权法律保护探析——以《民法典》关于肖像权的新规为视角[J].长春理工大学学报(社会科学版),2022(2):39-43.

[6] 杨芳.肖像权保护和个人信息保护规则之冲突与消融[J].清华法学,2021(6):116-130.

[7] 张红.肖像权保护中的利益平衡[J].中国法学,2014(1):266-284.

第三章 扩展阅读材料

[1] 官正艳.论司法实践中洗稿侵犯著作权的认定标准[J].电子知识产权,2018(11):78-83.

[2] 郭如愿.深度链接:界定、定性及民事归责[J].人民司法,2020(1):80-83.

[3] 蒋舸.深层链接直接侵权责任认定的实质提供标准[J].现代法学,2021(3):155-170.

[4] 雷逸舟.不安全的"避风港":重新思考中国网络视频平台的著作权侵权责任[J].电子知识产权,2020(3):23-39.

[5] 林承铎,万善德.视频网站盗链行为的著作权侵权分析[J].电子知识产权,2017(7):12-19.

[6] 林子英,崔树磊.视频聚合平台运行模式在著作权法规制下的司法认定[J].知识产权,2016(8):36-48.

[7] 倪朱亮.自媒体短视频的著作权法治理路径研究——以公众参与文化为视角[J].知识产权,2020(6):70-80.

[8] 彭桂兵.新闻聚合的著作权合理使用问题研究[J].中国出版,2017(10):63-66.

[9] 田宪策,唐素琴.云盘服务商的著作权侵权认定规则研究[J].电子知识产权,2014(7):44-49.

[10] 王教柱,刘美婧.影视作品信息网络传播侵权事实及责任界定——作品信息网络传播权侵权案件评析[J].天津法学,2017(4):85-90.

[11] 王磊,杜颖.UGC版权保护的平台机制研究[J].知识产权,2021(8):65-74.

[12] 王迁.论提供"深层链接"行为的法律定性及其规制[J].法学,2016(10):23-39.

[13] 王迁.体育赛事现场直播画面著作权保护若干问题——评"凤凰网赛事转播案"再审判决[J].知识产权,2020(11):30-49.

[14] 张春和,邓丹云.广州互联网法院网络著作权纠纷案件的审理思路[J].人民司法,2019(25):15-19.

[15] 张今.著作权法[M].北京:北京大学出版社,2015.

第四章 扩展阅读材料

[1] 陈玉梅,杜政辰.网络服务平台单方变更权的法律规制——以爱奇艺超前点播案

为例[J].湖南科技大学学报(社会科学版),2022(1):107-114.

  [2] 胡丽,何金海.网络用户协议中的UGC授权条款:现实图景与规范设置——以我国40个网络平台用户协议为样本[J].社会科学家,2021(12):125-131.

  [3] 李永军.论民法典合同编中"合同"的功能定位[J].东方法学,2020(4):117-129.

  [4] 吕冰心.论网络格式合同条款的特性与规制[J].法学杂志,2022(3):132-148.

  [5] 夏庆锋.网络合同中不正当格式条款的纠正规则[J].江淮论坛,2020(2):134-144.

  [6] 徐运全.合同法实用案例[M].呼和浩特:内蒙古人民出版社,2016.

第五章　扩展阅读材料

  [1] 曹新明.商标侵权理论之多维度思辨——以"今日头条"诉"今日油条"案为例[J].政法论丛,2022(1):19-29.

  [2] 陈明涛."商标使用"之体系建构与反思[J].环球法律评论,2022(3):163-178.

  [3] 陈桑榆.商标侵权案件中主观恶意的认定[J].中华商标,2022(3):52-55.

  [4] 陈小珍.商标侵权诉讼研究——法官裁判思维实证与反思[M].长沙:中南大学出版社,2019.

  [5] 范维坚.我国广电媒体节目商标注册问题研究[J].青年记者,2016(4):48-50.

  [6] 黄汇.反不正当竞争法对未注册商标的有效保护及其制度重塑[J].中国法学,2022(5):83-102.

  [7] 刘亚军,胡宏雁.我国注册驰名商标法律保护中的问题与思考——以案例为线索[J].法学杂志,2010(S1):93-97.

  [8] 宁立志,叶紫薇.商标侵权认定标准及其价值取向——以"今日油条"案为例[J].华中师范大学学报(人文社会科学版),2021(6):36-44.

第六章　扩展阅读材料

  [1] 陈兵.互联网屏蔽行为的反不正当竞争法规制[J].法学,2021(6):123-142.

  [2] 龙俊.视频广告屏蔽类案件中不正当竞争行为认定的再思考[J].法律科学(西北政法大学学报),2021(4):117-131.

  [3] 任超,孙超.付费搜索的反不正当竞争法规制——以《反不正当竞争法》修改为背景[J].大连理工大学学报(社会科学版),2019(4):81-88.

  [4] 王太平.知识产权的基本理念与反不正当竞争扩展保护之限度——兼评"金庸诉江南"案[J].知识产权,2018(10):3-13.

  [5] 王文敏.反不正当竞争法中的禁止盗用规则及其适用[J].现代法学,2021(1):128-143.

  [6] 王文敏.新闻聚合背景下时事新闻的《反不正当竞争法》保护[J].中国出版,2017(15):49-53.

  [7] 王艳芳.反不正当竞争法中竞争关系的解构与重塑[J].政法论丛,2021(2):19-27.

[8] 吴伟光.对《反不正当竞争法》中竞争关系的批判与重构——以立法目的、商业道德与竞争关系之间的体系性理解为视角[J].当代法学,2019(1):132-139.

[9] 张伟君.从"金庸诉江南"案看反不正当竞争法与知识产权法的关系[J].知识产权,2018(10):14-23.

[10] 周樨平.商业标识保护中"搭便车"理论的运用——从关键词不正当竞争案件切入[J].法学,2017(5):126-138.

[11] 周昀,赵婧.中国反不正当竞争法律制度[M].北京:中国民主法制出版社,2019.

第七章 扩展阅读材料

[1] 陈绚,王思文,张瑜.儿童色情禁止的网络监控和刑法规范框架[J].国际新闻界,2020(12):133-146.

[2] 程碧茜.虚假医疗广告的治理困境与法律规制[J].江西社会科学,2015(11):183-187.

[3] 金鸿浩.编造、故意传播虚假信息罪的实务反思与探讨[J].中国刑事法杂志,2021(3):56-72.

[4] 金鸿浩.互联网时代传播淫秽物品罪的实务反思与规则重塑——基于对368份传播淫秽物品罪判决书的分析[J].华东政法大学学报,2021(6):86-100.

[5] 李婷婷,展江."新闻圣徒"的敲诈勒索和强迫交易罪——媒体人经济犯罪经典案例评析(二十)[J].青年记者,2018(25):72-76.

[6] 苏青.网络谣言的刑法规制:基于《刑法修正案(九)》的解读[J].当代法学,2017(1):15-26.

[7] 王尚明.关于编造、传播虚假恐怖信息罪的实务研究[J].中国刑事法杂志,2015(3):138-144.

[8] 姚福生.网络谣言依法治理研究:刑法的实践[J].广西社会科学,2022(7):15-23.

[9] 张明楷.言论自由与刑事犯罪[J].中国检察官,2016(13):80.

[10] 张志铭,李若兰.内容分级制度视角下的网络色情淫秽治理[J].浙江社会科学,2013(6):66-74,158.

后记

从 2008 年起,我一直给本科生讲授"新闻传播伦理与法规",给研究生讲授"传播法规与伦理"(2022 改为"新闻传播政策、法规与伦理")、"出版法规"。这几门都是理论性偏强的课程,如何以学生为中心,如何调动大家的学习积极性,如何将法学理论与实践案例进行结合来安排上课内容成为我时常思考的问题。一本有理有据、能够将媒体法各领域的案例纳入其中的教学用书,可能会在很大程度上解决这个问题。所以,我每年会查阅各省、各级法院审理的与媒体相关的法律纠纷,翻阅法院裁判文书,从而梳理出新闻传播学专业学生感兴趣的法理争议点,这便构成了这本书的雏形。

在我担任上述三门课程任课老师期间,一届又一届的学生将启发性强的案例发给我,与我一起探讨,如华中科技大学新闻与信息传播学院本科生汪浚俊关注了英雄烈士名誉权问题,本科生曹旭晨曾向我介绍某位网友看《庆余年》时因视频网站采用"付费超前点播服务模式"而打了一场官司,我们还曾一起分析这场官司中合同的有效性问题,这些案例都收录进本书中了。本科毕业于华中科技大学新闻与信息传播学院的一些学生将诸多典型案例进行归纳与整理,并与我交流阅读心得。这些学生之后到其他高校深造读研究生,他们是南京大学新闻传播学院硕士研究生张阳,华东师范大学政治学系硕士研究生成方峋,清华大学新闻与传播学院硕士研究生陈佳逸、郭宇龙,浙江大学传媒与国际文化学院硕士研究生金钱熠等几位同学。

2022 年,华中科技大学法学院硕士研究生万子涵选修了我讲授的研究生课程"新闻传播政策、法规与伦理",他帮助我更新了法律条文,并寻找代表性案例供我参考。华中科技大学新闻与信息传播学院硕士研究生张逸凡、钟沁悦、瞿歌、张宇遥梳理了部分案例,多次帮助我对案例进行编辑校对。教学相长,我从各位同学那里学习到了很多,在此,向这些同学表示感谢,没有你们,这本书的案例就不会那么丰富。

传媒法研究专家孙旭培教授自 20 年前将我领入这一领域,媒体权利、表达自由等理念便在我的学术地图上占据着重要位置,帮助我看清纷繁新闻热点背后的深层困境,这使我终身受益,感谢恩师。

特别感谢魏永征教授,他著的《新闻传播法教程》从第 1 版出版到了第 7 版,是传播法教材的典范之作。我每版都仔细阅读,从中受益良多。在 2022 年第 7 版出版之际,魏教授特意和我分享撰写教材的心得,解决了我的困扰,鼓励我克服困难,继续前行。

中国新闻史学会媒介法规与伦理研究委员会在会长顾理平教授的带领下,每年多次举办各种形式的交流会。或进行传播法的学理探讨,或进行媒体法的教学探索,这一学术团体互帮互助,使我从各位老师的研究中获益颇多,感谢学会的各位老师。

中国人民大学新闻学院卢家银教授发起了"2021年传播法优秀案例征集"活动,后来在新闻传播学各位研究者的支持下,主编出版了《传播学教学案例精选与评析》(第一辑),其中的案例研究带给我诸多启发,促使我将多年来收集的案例进行梳理与编辑。

感谢华中科技大学出版社编辑杨玲老师,她一直帮助我出版各类书籍,也总是能从读者的角度提出宝贵的建议,使全书的架构更符合阅读习惯。感谢编辑余晓亮老师对书稿的审校与把关,在他的帮助下,这本书的语言表述显得更加流畅。

本书是华中科技大学 2022 年研究生教材建设项目"媒体法案例评析"的成果,也是"华中科技大学新闻与信息传播学院一流专业建设计划丛书"之"研究生卓越教材丛书"的系列教材之一,得到了学院的经费支持。在此,向张明新、金凌志、郭小平等总主编表示感谢。基于《华中科技大学优秀青年教师培养计划实施办法》(校人[2015]1号)的文件精神,本研究得到"华中科技大学优秀青年教师培养计划"的支持。

最后需要说明的是,这是一本基于法院裁判文书汇编的教材用书,因为法院的裁判文书往往比较艰涩,所以,我所做的主要工作,是梳理案件,以故事的形式进行案件陈述;然后阅读法院的判决理由,将其中的判决焦点、关键性解释摘录出来,进行组织,以清晰明了的方式向读者呈现;同时,附上了审理案例时法官所依据的法律条文(因篇幅所限,只列出了主要条文),从而让读者明晰原告或被告胜诉的法律依据。但由于近年来我国修订、增加或废止了一些法律,所以,我在"参阅法条"部分以注释的形式,标明哪些是废止的法律条文,哪些是修订的法律条文,从而方便读者全面了解当时的审理依据和今天有效的法律条文。因为学识与精力有限,所以选取案例、梳理判决书时难免有所疏忽,若您发现问题,欢迎指正(niujing2005@qq.com),也期待您给我推荐更多法律案例。

牛静

2023 年 2 月 7 日

引用作品的版权声明

为了方便学校教师教授和学生学习优秀案例,促进知识传播,本书选用了一些知名网站、公司企业和个人的原创案例作为配套数字资源。这些选用的作为数字资源的案例部分已经标注出处,部分根据网上或图书资料资源信息重新改写而成。基于对这些内容所有者权利的尊重,特在此声明:本案例资源中涉及的版权、著作权等权益,均属于原作品版权人、著作权人。在此,本书作者衷心感谢所有原始作品的相关版权权益人及所属公司对高等教育事业的大力支持!

与本书配套的二维码资源使用说明

　　本书部分课程及与纸质教材配套数字资源以二维码链接的形式呈现。利用手机微信扫码成功后提示微信登录,授权后进入注册页面,填写注册信息。按照提示输入手机号码,点击获取手机验证码,稍等片刻收到 4 位数的验证码短信,在提示位置输入验证码成功,再设置密码,选择相应专业,点击"立即注册",注册成功。(若手机已经注册,则在"注册"页面底部选择"已有账号? 立即注册",进入"账号绑定"页面,直接输入手机号和密码登录。)接着提示输入学习码,需刮开教材封面防伪涂层,输入 13 位学习码(正版图书拥有的一次性使用学习码),输入正确后提示绑定成功,即可查看二维码数字资源。手机第一次登录查看资源成功以后,再次使用二维码资源时,只需在微信端扫码即可登录进入查看。